教科心理学ハンドブック

教科教育学と教育心理学による"わかる授業の実証的探究"

福沢周亮 聖徳大学教授 × **小野瀬雅人** 鳴門教育大学大学院教授 〔編著〕

* 教科心理学とは
* 国　語
* 社　会
* 算　数
  数　学
* 理　科
* 音　楽
* 図画工作
  美　術
* 家　庭
  技術・家庭
* 体　育
  保健体育
* 生　活
* 外国語

図書文化

■はしがき

　教科心理学は，学校における教科教育に密着した心理学として，日本では1920年代より，遅々とした歩みではあるが，発展を続けてきた。その後1980年代に，日本でも人間の理解や思考過程に焦点をあてた認知心理学が普及し，1990年代に入ると学校での教科内容を心理学的に取り上げる研究が急増し始めた。

　他方，教科教育学は，学校教育における各教科の学習指導を支える分野として発展し，教科の目標やそれを達成する内容（カリキュラム開発），それらの指導と評価にわたって重要な役割を果たしてきた。そして近年では，おもに実証的な研究成果，つまりエビデンスに基づくカリキュラム，指導法，評価法の開発が重視されるようになっている。その背景には，アカウンタビリティーの思想が教育の分野にも浸透してきたことが考えられる。

　そこで，われわれ編者は，教科教育学の成果を踏まえ，教科心理学の視点から学習指導支援と研究課題を示す書が必要であると考えるに至った。すなわち，教科教育学の専門家と，教科心理学の専門家の協働（コラボレーション）を通して，最新の教科教育学の成果と実証的な心理学の成果を俯瞰することにより，児童生徒の学力向上を保障する新しい教科教育を創造し実践するための書を提案することにした。

　本書は，企画の段階では，各教科ごとに学習指導要領で取り上げている教科内容に関する実証的研究の成果を，「エビデンス」ととらえていた。しかし実際に編集作業を進めていくなかで，各教科のすべての教科内容について「エビデンス」があるかというと必ずしもそうではなく，現実の壁にぶつかることになった。つまり，ある教科のある教科内容については，教科心理学の研究が進んでおり，したがって「エビデンス」も豊富にあるが，同じ教科であっても「エビデンス」がまったくみられない教育内容まであることも明らかになってきた。

当然，他教科においても状況は同じである。

そこで，本書では，「エビデンス」として取り上げる際，心理学的研究の枠を広げ，各学問領域における調査等の「エビデンス」も含めることにした。研究方法に若干の差異があるとはいえ，実証的証拠であることを条件として，できる限りそれぞれの教科内容に関連する「エビデンス」を集めることをめざした。

以上，本書のコンセプトをまとめると，次のとおりである。

> **各教科ごと，教科教育学とその基盤となる教科心理学の考え方や研究成果（エビデンス）が理解でき，学校の教師が行う教科学習指導の改善に役立つだけでなく，教師，研究者，学生（大学院生）が実践研究を進めるうえでの手がかりを得ることができる**

このコンセプトがどれだけ成功しただろうか。読者の皆さんにご判断いただけたら幸いである。

ご執筆いただいた，教科心理学に関心の高い多くの教師・研究者と各教科の教科教育学を専門とする研究者の方々に厚く御礼申し上げます。

本書刊行の趣旨にご理解をいただき，強力なご支援をいただいた図書文化社社長・村主典英氏に，また編集の労をお執りいただいた図書文化社出版部の東則孝氏，佐藤達朗氏に心より御礼を申し上げます。

2010年3月

福 沢 周 亮

小野瀬 雅 人

教科心理学ハンドブック

CONTENTS

はしがき ……………………………………………………………… 2

[総論編] 教科心理学とは何か

1 意義と目的 ……………………………………………………… 8
2 内容と構造 ……………………………………………………… 10
3 歴史［外国編］ ………………………………………………… 12
4 歴史［日本編］ ………………………………………………… 14
5 方法論［観察法］ ……………………………………………… 16
6 方法論［実験法］ ……………………………………………… 18
7 方法論［調査法］ ……………………………………………… 20
8 方法論［面接法］ ……………………………………………… 22
9 方法論［実践研究］ …………………………………………… 24
10 課題と展望 …………………………………………………… 26

[各論編] 各教科に見る教科心理学

国語

1 目的と教育課程 ………………………………………………… 28
2〜9 内容と教育心理学

話すこと・聞くこと 30/作文 32/読むこと 34/文章・文体 36/文法 38/語句指導と語彙指導 40/文字指導 42/書写指導 44

10 評価と教育心理学 …………………………………………… 46
11 課題と展望 …………………………………………………… 48

社会

1 目的と教育課程……………………………………52

2〜9 内容と教育心理学

地理学習 54/歴史学習 56/公民学習 58/見学・調査・体験学習 60/選択・関連学習 62/資料活用学習 64/環境学習 66/国際理解学習68

10 評価と教育心理学…………………………………70

11 課題と展望…………………………………………72

算数，数学

1 目的と教育課程……………………………………74

2〜6 内容と教育心理学

数と計算 76/量と測定 78/図形 80/数量関係 82/文章題 84

7 評価と教育心理学 …………………………………86

8 課題と展望…………………………………………88

理科

1 目的と教育課程……………………………………92

2〜7 内容と教育心理学

実験と観察 94/物理 96/化学 98/生物 100/地学 102/環境教育 104

8 評価と教育心理学…………………………………106

9 課題と展望…………………………………………108

音楽

1 目的と教育課程……………………………………110

2〜5 内容と教育心理学

歌唱表現 112/器楽表現 114/創作表現 116/鑑賞 118

6　評価と教育心理学 ……………………………120
　7　課題と展望 ……………………………………122

図画工作，美術

　1　目的と教育課程 ………………………………126
　2〜3　内容と教育心理学

> 表現 128／鑑賞 130

　4　評価と教育心理学 ……………………………132
　5　課題と展望 ……………………………………134

家庭，技術・家庭

　1　目的と教育課程（家庭分野）………………136
　2〜5　内容と教育心理学（家庭分野）

> 家族・家庭と子どもの成長 138／食生活と自立 140／衣生活と自立 142／身近な消費生活と環境 144

　6　目的と教育課程（技術分野）………………146
　7〜10　内容と教育心理学（技術分野）

> 材料と加工に関する技術 148／エネルギー変換に関する技術 150／生物育成に関する技術 152／情報に関する技術 154

　11　評価と教育心理学 …………………………156
　12　課題と展望 …………………………………158

体育，保健体育

　1　目的と教育課程 ………………………………162
　2〜4　内容と教育心理学

> 運動学習 164／認識学習・学び方学習 166／社会的行動の学習・保健学習 168

　5　評価と教育心理学 ……………………………170

6　課題と展望 …………………………………………172

生活

　1　目的と教育課程 ……………………………………174
　2〜4　内容と教育心理学

> 自然とのかかわり方に関する学習 176/人とのかかわり方に関する学習 178/学校探検・地域探検に関する学習 180

　5　評価と教育心理学 …………………………………182
　6　課題と展望 …………………………………………184

外国語（英語）

　1　目的と教育課程 ……………………………………186
　2〜5　内容と教育心理学

> 聞くこと・話すこと 188/読むこと・書くこと 190/言語材料の指導 192/実践的コミュニケーション 194

　6　評価と教育心理学 …………………………………196
　7　課題と展望 …………………………………………198

[topics] 教育心理学から見た教科指導に関する今日的課題

　1　学習指導要領…………………………………………50
　2　基礎・基本……………………………………………51
　3　生きる力・自己教育力………………………………90
　4　学習環境（教室の型）………………………………91
　5　特別支援教育………………………………………124
　6　総合的な学習の時間………………………………125
　7　教員評価・学校評価………………………………160

　索引……………………………………………………200

教科心理学とは 1 意義と目的

福沢周亮

1 意義と目的

　教育心理学のあり方については，いくつかの考え方があり，特にわが国では，その意義を問う論議が1950年代に盛んになった。その論議は，その後，時代により主張するところに違いが認められたが，現在まで続いている。

　そうしたなかで「教科の心理」は，教科教育に直接関係する教育心理学として，その存在意義が認められてきている。"教科の心理"の語のみではなく，"教科心理学"の語も使われてきているように[注1]，教育心理学のなかの1つの独立した領域として認められてきているのである。しかしながら，その研究については，遅々として進まずという状況であったことは否定できない。意義は認められていても，研究が伴っていなかったのである。

　ここであらためて，「教科心理学」として，この領域の独立を主張するとともに，さらに発展させる必要があることを強調し，以下のように目的を考える。すなわち，「教科心理学」は，教科の目的，方法，内容に関係して実証的な基盤を心理学的に考えることを直接の目的として，教科の心理学的な構造，教科学習，指導法，評価法などを研究対象とする。教育心理学の一領域であるとともに，教科教育の基礎学の1つである。

2 方法についての基本的な考え方

　教科心理学がなかなか発展してこなかった原因の1つは，研究方法についての明確な考え方が確立してこなかったことにある。

　かつて教育実践に密着した教育心理学の方法が問題にされたとき，望ましい方法として取り上げられたのはアクション・リサーチであった。現在でも，この方法は使われており，その有効性は落ちていないと考えられるが，この方法は，手続き上，個人が行う研究の方法としては向かない点が多く，望ましい研究方法として喧伝されたわりには，

その有効性が発揮されなかった。

したがって，教科心理学の発展のためには，個人が行う研究の方法を支える理論的背景が必要と考えられ，ヒルガードのモデルが，その1つの考え方として取り上げられた注2。

これは，「学習研究の段階」を基礎的な研究と応用的な研究の関係で示したもので，教育実践にかかわる研究とそれを支える基礎的な研究との関係を，これで示すことができると考えられた。この考え方は，竹内（1972）でも，福沢・小野瀬（1997）でも採用されている注3，4。しかしながら最近は，これらの方法のみでは不十分として，実験的方法と自然観察的方法の両方を取り入れる方向に動きが認められる。

3　内容についての基本的な考え方

教科心理学がなかなか発展してこなかった原因のもう1つは，その研究対象が教科教育で，教科の内容に踏み込まないと教科心理学ではないためである。研究するには，教育心理学の知見のみではなく，対象とする教科の内容を把握しておく必要があり，いわば"二足のわらじをはく"ような状況で研究をする覚悟がないと，教科心理学にならないのである。

例えば，小学校の教科書教材である新美南吉「ごんぎつね」を対象としたとき，教材の把握，学習者の状況，指導法，評価法などが取り上げられることになり，児童の物語理解，さらには学習指導法，教育評価法などについての知見を背景として，検討されることになる。

注　引用・参考文献　1　八野正男・稲越孝雄編（1985）『教科心理学』めいけい出版／2　Hilgard,E.R.（1964）A perspective on the relationship between learning theory and education practices. In Hilgard,E.R.（Eds.）*Theories of learning and instruction.* NSSE／3　竹内長士（1974）「教育心理学の研究と教育実践のかかわり方について―『教育心理学研究』ならびに『総会発表論文集』所載論文の概観―」『日本教育心理学会第16回総会発表論文集』pp.12-13.／4　福沢周亮・小野瀬雅人（1997）「『教育心理学の重要問題』の答え―教科心理学の50年を振り返って―」『筑波大学心理学研究』19，pp.37-57.

関連図書　今井靖親・福沢周亮（1992）「心理学と国語教育」日本国語教育学会『国語単元学習の新展開Ⅰ　理論編』東洋館出版社，pp.188-203.

教科心理学とは 2 内容と構造

小野瀬雅人

1 内容

　教科心理学の内容は，発達，学習，人格・社会，評価を大きな柱とする。その特徴は，これらを各教科内容とからませるところにある。つまり，教科内容の発達，教科内容の学習，教科内容にかかわる人格・社会，教科内容の評価を取り上げるところに特徴がある。

　発達では，教科内容に関連する教材について，教材を理解する能力，教材を習得できる能力などを，学習者である児童生徒の発達段階と関連づけて検討する。学習では，教科内容に関連する教材が，学習者にどのようにして習得されるかを問題とする。人格・社会では，教科内容に関連する教材を，個人特性との関係で指導法を考える，つまり適性処遇交互作用（ATI）などに生かすことができる。評価では，前述のことに関連し，それぞれの教材の理解や習得の程度をどのようにして評価するか，などが問題となる。

　実際の各教科の内容は，教材や教具から構成されることが多い。その意味では，「教材・教具の心理学」と重なる部分も多い。近年，心理学年報の国際誌"Annual Review of Psychology"1994，1995，2004年版で「教材の教授」（"Teaching of Subject Matter"）が取り上げられ，日本でも『教材の心理学』が刊行されるなど，教科心理学の発展に影響を与えた。これらの知見は，教科心理学の「教科内容の発達」や「教科内容の学習」と重なるところが多いが，教科心理学が各教科別にその目標との関係で構成される点において異なっている。

2 構造

　教科心理学は，各教科内容ごとに，発達，学習，人格・社会，評価に関する研究を進めるために，発達心理学，学習心理学（認知心理学），人格心理学や社会心理学の研究方法についての理解が必要である。また評価との関係では，教育評価の理論と知識が必要になる。

　教科心理学の構造を考える際には，各教科ごと，その基盤として前

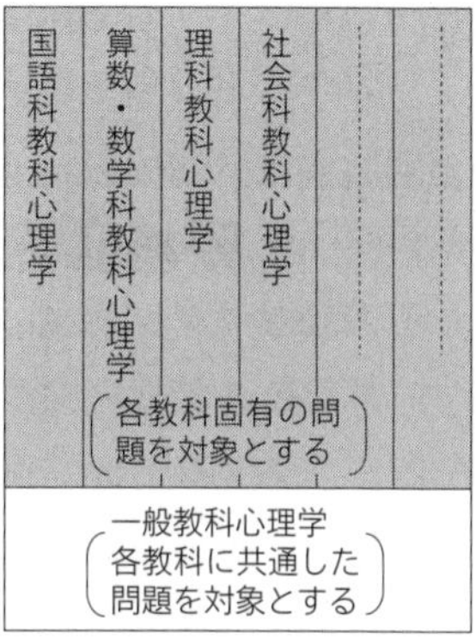

図1　教科心理学の構造 注1

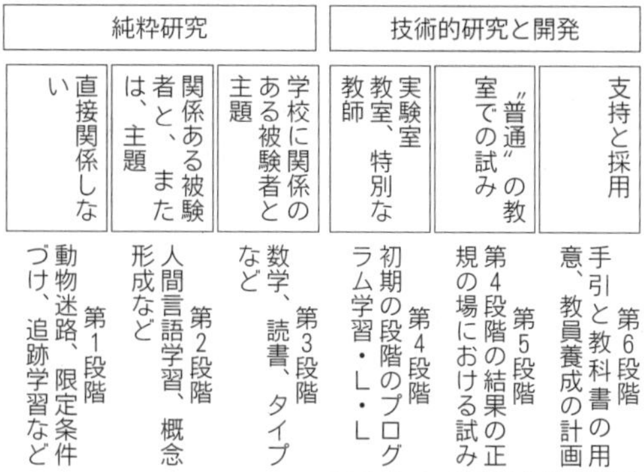

（図1の内容）
- 国語科教科心理学
- 算数・数学科教科心理学
- 理科教科心理学
- 社会科教科心理学
  - 各教科固有の問題を対象とする
- 一般教科心理学（各教科に共通した問題を対象とする）

図2　学習研究の段階 注2

	純粋研究			技術的研究と開発		
第1段階	第2段階	第3段階	第4段階	第5段階	第6段階	
直接関係しない主題、動物迷路、限定条件づけ、追跡学習など	関係ある被験者と、また主題は、人間言語学習、概念形成など	学校に関係のある被験者と主題、数学、読書、タイプなど	実験室教室、特別な初期の段階のプログラム学習・L.L	教室での"普通"の教室の場における試み、第4段階の結果の正規の場における試み	支持と採用、手引と教科書の用意、教員養成の計画

*ヒルガード（1964）に基づき作成

述のもろもろの心理学を考える必要がある。福沢（1976）は，図1に示すような構造を提出している。これらの構造を踏まえ，各教科の内容について発達，学習，人格・社会，評価とからませた研究を進めるためには，さらに各教科の学習目標との関係，教育内容と関連する理論からの検討も必要になる。

例えば，教育目標との関係では，観点別評価の枠組みである「関心・意欲・態度」「思考・判断」「知識・理解」「技能・表現」などの視点からの検討が必要になる。また心理学の理論との関係では，行動理論（古典的条件づけ，オペラント条件づけ，代理条件づけ〔社会的学習〕），認知理論（発達理論，情報処理理論），効果の転移に関する理論，動機づけ理論などが関係する。

また学習との関係では，ヒルガードが提案した基礎研究から応用研究までについて6段階に分け，それぞれに対応する学習理論との関係を示している（図2）。このような理論と実践の関連を連続線上にとらえた図式があると，教科学習の実践における課題を研究の俎上に乗せるうえで参考になる。

注　引用・参考文献　1　福沢周亮（1978）「教科心理学の体系化II」『教育心理』24(11)，日本文化科学社，pp.52-55.／2　Hilgard,E.R.（1964）　A perspective on the relationship between learning theory and educational practice.　In Hilgard, E. R. (Eds) *Theory of learning and teaching.*　NSSE

関連図書　辰野千壽（1992）『教材の心理学』学校図書

教科心理学とは 3 歴史 ―外国編―

小野瀬雅人

1 起源

　外国における教科心理学（Psychology of school subjects）の起源は，デューイ（Dewey,J.）の思想にみられる。彼は教科の論理的側面と心理的側面を区別し，教科内容である教材について熟達者の心にある教材と子どもの心にある教材をつなぐ，すなわち「教材の心理学的研究」（psychologizing the subject matter）を強調した。

　デューイの思想は，ソーンダイク（Thorndike,E.L.）やジャッド（Judd,C.H.）に影響を与えた。特にソーンダイクは1922年に『算術の心理学（Psychology of arithmetic）』を著し，教科心理学の1つの型を示した。彼の考え方は，教師やカリキュラム開発者に，教科学習で用いる用語を行動的に，つまり観察可能な形で表現するよう促すことになった。さらに課題分析，学習レディネス，動機づけの概念を提出し，事前に個人差を測定し指導を行い，その結果を測定するシステムズ・アプローチを発展させた。他方，ジャッドはより高次の理解過程に関心をもち，学習結果のより広い転移と教科の特殊性についての研究を進めたが，しばらくの間，その考え方は主流とはならなかった。

2 展開

　教科心理学は，1900年ころから1920年代まで「教育心理学の中核」としての地位にあったが，当時の心理学が実験室中心に理論構成を図ったこと，前述のソーンダイクも教科の学習を心理学の理論から理解する「外挿的アプローチ」をとったことから，やがて中核としての地位を譲ることになった。その一方で，心理学の関心は学習，記憶，問題解決，転移に関する一般理論の構築に向かっていった。

　教科心理学，すなわち教科を対象とした教育心理学が進展しなかった背景には，教育心理学に固有の研究方法論がなかった点が指摘されている。しかし，デューイの影響を受けたもう1人の心理学者，ジャッドの考え方は，その弟子たちにより進められ，やがて1つの研究方法

を確立していく。例えばブローネル（Brownel,W.E.）は，小学校算数の引き算の理解に関心をもち，子どもが計算練習する際の理解や誤りについて教師の指導日誌の質的分析を行っていた。このアプローチは，子どもの理解過程と学習成果を分析する研究方法の先駆となった。

その一方で，教授研究も新たな展開を迎えていた。例えばリーンハート（Leinhard,D.）は，処理―結果（Process-Products）研究パラダイムにより，教師の指導行動を理解しようとしていた。また，彼の影響を受けたワインバーグ（Wineberg,S.S.）は，熟達者―初心者（expert-novice）パラダイムにより歴史家の思考に関する概念モデルを提出した。また，1人の教師の実践を研究するランパート（Lampart, M.）の研究にも注目が集まった。彼女は算数の教師として，子どもの困難や子どもがわかる教授法は何かを明らかにするため，子どもと教師の相互作用の詳細な分析を行い，教師による研究方法を確立した。

教科心理学が教育心理学の表舞台から消えた1920年代から約50年の間，すなわち心理学の流れが行動主義から認知主義に移る1970年代にいたるまで，デューイやジャッドの思想はその後継者によって受け継がれていった。他方，教科学習のカリキュラム開発では，1960年にブルーナー（Bruner,J.）が『教育の過程（The process of education）』を著し，非特殊的転移，構造化の学習のような概念を提出し，教育心理学における認知主義に影響を与えた。

1970年代以降，心理学は情報処理論，推論，問題解決といった人間の内的な過程の研究に進み，一般理論の追究から領域固有理論の追究に進んでいった。教科心理学の研究は，各教科に固有の内容，つまり教材を取り上げ研究するため，再び教育心理学の表舞台に復活することになった。すなわち，心理学年報の国際版ともいえる"Annual review of Psychology"や，アメリカ心理学会（APA）の"Journal of Educational Psychology"に教科や教材を取り上げた章や特集論文が，1980年代後半以降，頻繁に登場するようになった。

関連図書　Shulman, L.S. & Quinlan,K.M. (1996) The comparative psychology of school subjects. In Berliner, D.C. & Calfee, R.C. *Handbook of Educational Psychology*, MacMillan

教科心理学とは 4 歴史
―日本編―

小野瀬雅人

1 起源と初期の展開

　日本における教科心理学の歴史は，日本における心理学の歴史がそうであったように，欧米の心理学の影響を強く受けている。教科を取り上げた心理学の研究で，最も大きな影響を与えたのは，ソーンダイク（Thorndike,E.L.）が1922年に著した『算術の心理学（Psychology of arithmetic）』で，日本では1924年に永野芳夫により翻訳された。

　それとほぼ同時期に，各教科ごとに心理学的研究を取り上げた書，例えば，『書及び書方の研究』（松本亦太郎，1919年），『国語の心理』（丸山良二，1935年），『算術の指導心理』（波多野寛治，1937年），『読書の心理的研究』（松尾長造，1919年），『算術学習の心理』（平田華藏，1924年），『絵画鑑賞の心理』（松本亦太郎，1926年）などが出版された。しかし，「教科心理学」としては，大瀬甚太郎が『改訂教育的心理学』（1925年）において「教科の心理」の章を取り上げたのが最初であった注1。

2 研究の啓蒙と進展

　第二次世界大戦後は，教員養成の教科書（『教育心理―人間の成長と発達（上・下）』文部省，1947年）で「教科の心理」が取り上げられたことを契機に，再び教科心理学への関心が高まった。例えば『算数の学習心理』（波多野完治，1952年）や『教育心理学講座』（牛島義友・戸川幸男・正木正・宮城音弥編，1953年）の9～13巻として国語科，数学科，理科，社会科，芸能科それぞれ各1巻ずつが刊行された。

　他方，日本教育心理学会総会においても，1959年，城戸幡太郎・澤田慶輔がシンポジウム「教科の教育心理学的研究の問題と方法」を行い，教科心理学の啓蒙を図った。学会誌『教育心理学研究』においても1958年から1960年にかけて「各教科教育法に関する教育心理学的研究」に関する特集が組まれ，各教科11編の「教科心理学」の論文が掲載された。その刺激を受け，教科内容を取り上げた論文も掲載される

ようになった。

　1970年代も「教科心理学」の啓蒙と研究は続いた。日本教育心理学会では，3～5年間隔で教科心理学を取り上げたシンポジウムが開催され，学校の教師や研究者を対象とした市販雑誌『教育心理研究』の「特集：教科心理の構想」や，『教育心理』の「教科心理学の体系化（Ⅰ）（Ⅱ）」においても啓蒙が図られた注2, 3。

　このように，「日本の教科心理学」は，学校教育の教科内容の課題を取り上げ，心理学の研究方法を適用し，教科指導の改善を図ろうとする努力がみられたが，その歩みは緩慢なものであった。

3　新たな展開

　1980年代になると，欧米では1970年ころから盛んになり始めた認知心理学の影響が，日本の心理学界でも表れるようになった。その教科心理学への影響は，『教科理解の認知心理学』（鈴木他，1989年）や『教室でどう教えるかどう学ぶか―認知心理学からの教育方法論』（吉田・栗山，1992年）の出版にみられる。これらは欧米の認知心理学の影響を受け，その紹介や日本での研究成果を取り上げたものである。

　2000年前後からは，日本における教科心理学の研究は，学校の教師と協働で授業研究に組み込んで，より精緻化された理論に基づき検討する「デザイン実験」注4 や質的研究（エスノメソドロジー）の視点から授業分析を行うものまで範囲が広がった。

　以上のように，最近の日本における教科心理学の動向は，欧米の教科心理学研究と重なりつつ，その一方で，日本の学校教育における教科学習の課題を意識した研究が増加しており，教育心理学研究の実践性が従来より高まりつつある。

注　引用・参考文献　1 福沢周亮・小野瀬雅人（1997）「『教育心理学の重要問題』の答え―教科心理学の50年を振り返って―」『筑波大学心理学研究』19, pp.37-57.／2 宮本佳郎他（1973）「特集：教科心理の構想」『教育心理研究』57, 明治図書, pp.5-74.／3 福沢周亮（1976）「教科心理学の体系化（Ⅰ），（Ⅱ）」『教育心理』24, 日本文化科学社, pp.732-755, pp.840-843.／4 吉田甫，エリック・ディコルテ（2009）『子どもの論理を活かす授業づくり―デザイン実験の教育実践心理学―』北大路書房

関連図書　平山満義編著（1997）『質的研究法による授業研究―教育学／教育工学／心理学からのアプローチ―』北大路書房

教科心理学とは 5 方法論
―観察法―

福田由紀

1 観察法とは何か

ここでは，観察法の代表的な方法であり，多くの研究で使用されている1/0サンプリング法による時間見本法と事象見本法を紹介する。

1/0サンプリング法による時間見本法では，観察単位内に生起した行動をあらかじめ用意したリストにそってチェックする[注1]。その長所は，①行動の生起頻度や持続時間などの量的データ収集に優れている，②ある程度頻発する行動の観察に向いている，③記録が容易である。短所は，①あまり生起しない行動（例えば15分に1回）を観察するには不向きである，②観察単位に複数回表れた行動も1回と数えるため，実際の行動頻度よりも観察結果が少なくなる場合がある，③リストに含むことがむずかしい意図や状況は，その把握が困難である。

事象見本法では，特定の一連の行動に焦点を当て，その経過を文脈のなかで組織的に観察できる（表1）。長所は，①質的データ収集に優れている，②行動を状況のなかで観察するため，因果関係について理解できる。短所は，①見えない場所で生起する行動を観察できない，②同時に行動が生起する場合もあるので，複数の観察者が必要である，③観察対象行動がいつ，どのような場所，どのような状況で生起するかについて予備的調査を行う必要がある。

表1 事象見本法の例：紙とクレヨンによる描画行動（千川ほか，2008より改変）[注2]

時刻		ツール・色の変更	objectを描く	体の位置
分	秒			
	9	茶色を手にとってちょっと紙を眺める		紙を手の上に置く
	23		ウサギを描く	
	45	ケースに戻す		
	47	迷わず黒をとる	目を描く	
1	3	ケースに戻す		
	7	迷わず黄緑をとる	胴を描く	紙がずれるので手で押さえる
	17		塗る	
	…			

2　エビデンス

　千川・比留間・多田（2008）は時間見本法と事象見本法を連携させ，5歳児の，紙とクレヨンを用いた伝統的な描画行動と，電子ペンと描画ソフトを用いたそれを比較した。まず事象見本法で，着目すべき行動や観察時間の設定のために定性的データを収集した。表1より，描画行動がどのような順序で起こるかがわかる。それらに基づき，観察行動を36カテゴリ，観察単位を5秒とし，描画行動を時間見本法で分

表2　時間見本法の例：描画ソフトによる描画行動（千川ほか，2008より改変）[注2]

	色の選択		Objectの描画			注目点		体の位置
	変更	色	誤まり	色	塗る	パレット/クレヨン	絵	のりだす
…								
40								v
45	v	灰色				v		
50			v	灰色			v	
55			v	灰色			v	
60				灰色	v		v	
…								

析した（表2）。

　その結果，描画時間，使用した色数，描画中の注目点は，2つの描画方法で共通していることがわかった。一方，相違点として，描画ソフトを使用する際にはすぐに色を変更すること，すでに選んでいる色を忘れ，もう一度同じ色を選択することがわかった[注2]。

3　まとめ

　児童生徒の各教科に関する態度や興味・関心，意欲の多くは，観察法を使用して評価が行われる。その際，主観に流されることなく妥当性があり，信頼性が高い客観的なデータをとる必要がある。各観察法の長所・短所を理解し，ときには両方を用いて，目的に合った方法を選択したい。

注　引用・参考文献　1　中澤潤（1997）「時間見本法の理論と技法」中澤潤・大野木裕明・南博文編『心理学マニュアル　観察法』北大路書房／2　千川文子・比留間伸行・多田好克（2008）「幼児の紙とコンピュータでの描画比較に関する定量的な行動分析」『デザイン学研究』55，pp.37-44．

関連図書　古川聡・福田由紀編（2002）『発達心理学―これからの保育を考える―』丸善／松浦均・西口利文編（2008）『観察法・調査的面接法の進め方』ナカニシヤ出版

方法論
―実験法―

平山祐一郎

1 実験法とは何か

　実験とは，ある指標（身長やソフトボール投げの距離，算数のテスト得点など）をある条件（男女，学年，指導法の違いなど）のもとで比較し，因果的な関係を把握することである。前者を従属変数といい，後者を独立変数という。

　教科心理学では，生の教育活動が対象となるため純粋な実験的検討はむずかしい。もちろん，教科学習において重要となる記憶の研究などは，かなり精密な実験計画のもと，統制の効いた実験室的実験が可能である。だが，学習指導法AとBの効果差の比較を行う場合などは，実験手続き上の制約や教育現場への配慮から，指導法Aは5年1組，指導法Bは5年3組といったように，クラスごとに実施し，効果を比較せざるをえない。またその際，得られるデータは各クラスの雰囲気や担任の影響などを受けているため，解釈は慎重にならざるをえない。このように教育現場で行われる実験的検討は「準実験」である。

　以下，教科心理学における「実験」について，実例をあげながら，そのやり方および問題点を取り上げる。

2 実験的検討の進め方

　「連想法を取り入れた作文指導法」とは，作文を書く前に言語連想を行うと，その後の作文に文章産出量の増大がみられる，という指導法である。この効果を実験的に確かめるには，どうすればよいか。

　言語連想を取り入れた群を実験群，言語連想を取り入れない群を統制群と呼ぶ。この両群の比較には，それぞれ指導前と指導後のデータを入手する必要がある。

　例えば，同じ条件で両群に作文を書いてもらう。そして，産出量（文字数，単語数，文節数など）を計数し，両群に差がないことを確認する（等質性の検討）。その後，実験群には，言語連想を行い，統制群には実施せず，2回目の作文を書いてもらう。そして，再度，産

出量を計数し，両群を比較する。実験群が統制群を上回った場合，指導法の効果が示されたことになる。

3 「連想法を取り入れた作文指導法」の実験的検討の問題点

もし等質性が確認できなかったら，どうすればよいのだろうか。その際は指導前と指導後の産出量の差や比を計算し，実験群と統制群を比較する。統制群よりも実験群のほうが産出量の増大があったことにより，指導法の効果を検出するのである。しかし，等質性が保障されていないので，強い証拠（エビデンス）にはならない。このような場合に限らず，教育現場で行われる「準実験」は追試的検討を繰り返す必要がある。なぜなら，準実験では，実験的検討を繰り返すことによって，その確かさを追求していくべきだからである。

もう1つ，統制群と実験群の比較に関する本質的な問題点がある。作文を書く前に5分間言語連想をする群を実験群とした場合，その5分間は統制群は何をしていればよいのであろうか。頭の中でこれから書く作文を考えて過ごせばよいのだろうか。

結果を解釈する際の困難がここにある。実験群は言語連想をしていたのは確かである。しかし，統制群はほんとうに作文のことを考えて5分を過ごしたのであろうか。もし，ボーッと過ごしていたのなら，統制群が実験群より産出量が落ちるのは当然である。

したがって，このような場合は，統制群に作文の構想メモを書いてもらうなど，一定の活動に導くのも1つの対応である。純粋な意味で統制群ではないが，言語連想をせず，構想メモを書いていたことは確かだからである。

4 倫理的な配慮

教科心理学では，教育現場において，指導法の効果などの検出をする実験的検討が行われることが多い。しかし，学習者に利益が予測されている指導法とそうでない指導法を実施した場合，実験的検討の終了後は，後者の処遇を受けた人々には，前者と同等の利益が生じるようなアフターケアが必要である。また，負の効果が予測される実験的検討は避けるべきで，予期せず結果としてそのような効果が生じた場合には，迅速で，十分なアフターケアが行われなければならない。

教科心理学とは 7 方法論
―調査法―

宮本友弘

1　調査法とは何か

　心理学における調査法とは，要因の操作や条件統制を行わずに，自然な状況において，対象者の意識や行動に関するデータを収集する方法の総称である。人為的に状況を設定する実験法に比べて，対象者への影響が少ないため，生態学的妥当性の高いデータを得やすい。また調査法は，第一義的には，実態把握，および，要因や関係性の探索，仮説生成を目的にした探索型研究の手段であるが，仮説検証型研究においても用いられる。ただし，検証できるのは相関関係までであり，厳密な因果関係の同定はできない。

　調査法は，研究目的（探索型研究，検証型研究），研究デザイン（横断的調査，縦断的調査），対象者の規模（悉皆調査，標本調査），データの収集法（質問紙，面接，観察），データの種類（量的データ，質的データ）といった多様な観点から分類されるが，以下，量的データを得るための代表的な方法である質問紙法による調査（質問紙調査）に焦点を当てる。

　質問紙調査には，①観察しにくい個人の内面に接近できる，②集団で同時に実施できる，③高度な統計的分析を適用できる，といった長所があるため，心理学全体での利用頻度は高い。

　質問紙調査の実施にはいくつかのバリエーションがある。最近の傾向を要約すると，対象者の属性に関する質問項目，および，想定される心理的特性や行動傾向（構成概念）を測定するための質問項目（心理尺度）から質問紙を構成し，それらを対象者集団（少なくとも150名以上が望ましい）に配付して，本人に記入させる。その際，心理尺度の回答には，4～7段階程度の評定尺度法が用いられる。また，データ分析にあたっては，回答結果の単純集計にとどまらず，相関係数と多変量解析を用いて，構成概念の構造の探索と心理尺度の開発，さらには，変数間の予測関係やモデルの検証が試みられる。

2　教科心理学における質問紙調査の意義

　学習者の特性によって学習指導法の効果が異なる現象は，従来から適性処遇交互作用（ATI）として理論化されており，現実の教科学習場面では日常的に観察される。したがって，当該の学習指導法の成果を適切に評価するためには，あらかじめどのような特性が関連するかを把握しておくことが重要である。例えば，認知的側面では学習方略，メタ認知，学習観など，情緒的側面では学習意欲（動機づけ），自己効力感，不安などである。

　質問紙調査は，こうした学習者の特性を組織的に探索し，一定の傾向を把握することに適した方法である。実際，質問紙調査を用いて，具体的な教科内容や課題に対する学習方略や学習意欲などを測定する尺度を開発し，学力や課題成績との関連性を検討した研究は増えつつある。こうした知見の蓄積は，現在重視されている「個に応じた指導」を具体的に構想する際のエビデンスになり，教科心理学が積極的に取り組んでいくべき課題といえる。

3　質問紙調査の留意点

　ここでは，教科心理学研究として実施する際の留意点として，児童・生徒への倫理的配慮とともに，特に次の2点を強調しておきたい。

　①質問紙調査では対象者の内省に基づいて回答を求めるので，児童・生徒から信憑性のあるデータを得るには，彼らの言語能力，労力・負担，所要時間などを十分考慮して，質問項目の内容，文章表現，量，配列，および，評定段階を調整する必要がある。特に社会的望ましさが強く関与する内容やプライバシーにかかわる内容には注意したい。この意味でも，予備調査の実施は欠かせない。

　②学校での調査では，サンプリングや共変数による影響が大きいので，1，2回の調査結果だけで心理尺度の信頼性と妥当性を主張したり，あるいは，変数間の予測関係から因果関係を推測したりするのは慎重になるべきである。追試，場合によっては縦断的調査を行い，証拠能力を高めていくことが重要である。

関連図書　南風原朝和他編（2001）『心理学研究法入門』東京大学出版会／鎌原雅彦他編（1998）『心理学マニュアル質問紙法』北大路書房

教科心理学とは 8 方法論 —面接法—

青山征彦

1 面接法とは何か

　面接とは，ひらたく言えばインタビューのことである。学校教育で面接というと面接試験を指すことが多いが，ここでは調査手法としての面接（調査的面接）について解説する。面接法は，実験や調査の準備段階で問題を洗い出すために用いてもよいし，それ自体を1つの研究手法としてもよい。データの分析は必ずしも容易ではないが，具体的な情報を豊富に得られるのが魅力である。質問紙調査のように大人数から回答を得るのには向かないが，例えばベテランの教師に経験談を聞くなど，少人数の被調査者（インフォマント〔情報提供者〕）から詳細に情報を引き出すのには適している。

2 面接法のタイプ

　面接法は，一般に，構造化面接，半構造化面接，非構造化面接の3タイプに区分される[注1, 2]。他に，数人のインフォマントに集まってもらいインタビューを行う手法として，グループインタビューやフォーカスグループといったものがある[注2]。

　構造化面接とは，あらかじめ決められた内容について質問する手法を指す。質問紙調査を対面，あるいは電話などで音声的に行っている状態といってよい。質問項目がすべて決まっているため，マニュアルさえあれば面接者を増やすのは容易だが，自由度には欠ける。

　半構造化面接とは，インフォマント全員に聞く質問項目をあらかじめ決めておくものの，それ以外の内容についても聞く形式である。何人かで分担してインタビューしても，共通の情報を得ることができる。

　非構造化面接とは，大まかなテーマは決めておくものの，質問項目は用意せず，インフォマントに自由に語ってもらうという形式である。

3 実施のポイント

(1)場の設定

　面接者のところに来てもらうよりも，相手先に行くほうがよいこと

が多い。後者のほうがインフォマントの負担は軽減されるし，インフォマントが話に合わせて資料を見せたりしてくれる可能性も高い。相手先以外で面接する場合には，資料を持参してもらうとよい。

(2)録音・録画など

インフォマントの了承を得て，ＩＣレコーダーなどで録音するとよい。ビデオカメラで録画するのも選択肢である。機器は，トラブルに備えて予備を用意する。録音・録画していてもメモは必ずとる。話の流れが整理できるし，書き起こしの参考にもなる。

(3)質問の仕方

面接に先立ち，インフォマントから聞いたことは研究目的にのみ使用することを明示する。これは，研究倫理として必要なだけでなく，インフォマントが安心して話せる状況づくりにもつながる。

面接では，質問が誘導尋問にならないように気をつける。例えば，「Ａでしたか？　それともＢでしたか？」という質問や，「はい／いいえ」で答えさせる質問は，答えの範囲をインタビュアーがあらかじめ限定してしまう。このような質問をクローズド・クエスチョンと呼ぶ。これに対して，「どのように思いますか？」のように質問すれば，自由に答えさせることができる。このような質問をオープン・クエスチョンと呼ぶ。面接者は，クローズド・クエスチョンは必要最小限にして，オープン・クエスチョンを中心にするように心がける。

(4)分析

構造化面接や半構造化面接の場合には，あらかじめ決められた質問項目があるので，まずは質問ごとに似た回答をグループ化する。インタビューを分析する場合，書き起こし（トランスクリプション）を作成するのが基本である。時間が許せば，研究者自身が書き起こすと分析の切り口が見えてくることも多い。分析手法としては，ＫＪ法[注3]やグラウンデッド・セオリー法[注4]がある。

注　引用・参考文献　1　南風原朝和他編（2003）『心理学研究法』放送大学教育振興会／2　保坂亨他（2000）『心理学マニュアル　面接法』北大路書房／3　川喜田二郎（1967）『発想法―創造性開発のために』中公新書／4　グレイザー,B.G.・ストラウス,A.L.，後藤隆他訳（1996）『データ対話型理論の発見』新曜社

9 教科心理学とは

方法論
―実践研究―

芳賀明子

1 実践研究とは何か

　日本教育心理学会の学会誌『教育心理学研究』(1999)には，「実践研究は，教育方法，学習・発達相談，心理臨床等の教育の現実場面における実践を対象として，教育実践の改善を直接に目指した具体的な提言を行う教育心理学的研究を指す。この場合，小・中・高校の学校教育のみでなく，幼児教育，高等教育，社会教育等の教育実践を広く含めるものとする」と述べられている[注1]。これによると，教育研究における実践研究は，諸領域の「現実場面における具体的実践」が研究の対象であり，「教育実践の改善を直接に目指した具体的な提言を行う」ことが内容である。

2 教科心理学における実践研究の意義

　これまで，教科教育については，教科教育学の理論から出発し，それに基づいて内容選択や配列が行われ，カリキュラムとして学校現場に提供される理論優位型の研究が行われてきた。一方，学校現場では，指導に焦点化された検討が行われてきたが，それは実践報告としての意味合いが強い実践優位の内容であった。実践の改善のためには，理論・カリキュラムと具体的な授業・指導の一体的な研究が必要である。教科心理学の観点から，教育心理学的研究の枠組みを用いて，現実場面を全体的・探索的に把握する実践研究は，こうした理論と実践の乖離を防ぐものとして，その意義は大きい。

　「教科」に関する研究は，おおまかに3種類に分類できる。心理学などを基盤とした理論研究，教科教育学を基盤とするカリキュラム研究，実際の指導に関する授業・指導研究である。これまで，この3種類の研究は，研究を専門とする機関で行われる理論的研究とカリキュラム研究，教育の現場で行われる指導法研究とに分かれていた。研究機関と実践者とが，授業の実際にそって共に検討を行うことは，どの教科にとっても，理論的研究，カリキュラム研究，指導法研究のそれ

それの課題解決の具体的な方法の発見に結びつくと考えられる。

3　実践研究の方法

　教育実践の研究は，実践をどう改善したらよいかについて探究やデータ収集を行い，質的で解釈的な方法を利用する営みである。実践者たる教師等が自ら行うものと，実践者を対象として研究者が行うもの，そして実践者と研究者が協同で行うものとがある。

　そのいずれにおいても，教材やシステムの開発あるいは教授法や介入法の記述ではなく，実践者や研究対象者の心理過程に関する知見が提示されていることが必要である。つまり，実践の現実場面についての詳細な把握が探究であり，データとなるので，実践の現実場面への関与が方法となる。

　その1つは「フィールドワーク」。研究者がフィールド（＝現場）で行う活動（＝ワーク）である。参与観察と呼ばれる手法で，現場にあってそこで起きている事柄について「見る・聞く・会話する・記録する」等々の活動によってデータが収集される。

　もう1つは「アクション・リサーチ」である。ある人（教師）が直面している状況において，正当かつ適切に行動するにはどうしたらよいかという実践的推論を立て，実践の進行に伴って，具体的に探究していく。直面しているその人が研究者である場合と，大学の研究者などを交えたチームでの共同研究として実施する場合とがある。

4　実践研究の課題

　実践研究としての評価基準が確立・定着しておらず，論文としての評価が定まりにくいとの指摘がある。これは数量的把握に基づいた分析による評定基準が一般的であったという背景が1つの要因である。実践研究は，実践に即したデータに基づいて，教育心理学としての知見が提示されていることで，事例報告との違いが明確になる。

注　引用・参考文献　　1 市川伸一（1999）「『実践研究』とはどのような研究をさすのか」『教育心理学年報』38, pp.180-187.

関連図書　　南風原朝和他編（2001）『心理学研究法入門』東京大学出版会／トマス・A・シュワント，伊藤勇他訳（2009）『質的研究用語辞典』北大路書房／ノーマン・K・デンジン他編，平山満義他訳（2006）『質的研究ハンドブック』北大路書房

教科心理学とは 10 課題と展望

福沢周亮・小野瀬雅人

　他の学問領域と同様，教科心理学が発展するためには「研究方法」を確立することが重要である。ここでは，特に前項で述べたことを踏まえ，研究方法にかかわる問題を取り上げ，今後の展望を述べる。

1　研究方法

　教科心理学の研究を進めるうえで，そのための研究方法は重要である。20世紀初頭においてソーンダイクやジャッドの研究の刺激を受け，教科心理学が教育心理学の中核となったが，20年ほどでその地位を追われることになった。その背景には，心理学の実験室的研究のような確固たる研究方法論がなかった点が指摘されている（p.12を参照）。つまり，心理学の方法や理論を教科学習に適用する「外挿的方法」に頼り，教科心理学として固有の研究方法論をもたなかったのである。

　日本では，教科心理学の研究方法として，①アクション・リサーチ，②学習研究の段階（ヒルガード）を踏まえた方法が提案されてきた[注1]。これらの方法は，欧米で提案された方法を踏まえ，教科内容（教材）の特性に応じて工夫・改善され適用されてきた[注2]。

　しかし，1980年代以降，再び教科を取り上げた心理学が復活した背景には，この方法論についての考え方の転換がある。かつてデューイは，教育研究は実験的方法と自然観察的方法の両方あるべきと唱え，シカゴ大学に実験学校を創設した。この考え方はソーンダイクやジャッドに引き継がれ，それぞれ独自の展開がみられた。

　教育研究，とくに学校教育を対象とした研究では，教科学習とそのカリキュラムは不可分である。その研究を遂行するにはアクションリサーチが必要である。それが，教室における理論を志向した「デザイン実験」である[注2,3,4]。すなわち，教科内容（カリキュラム）について，関連する理論に基づき，独立変数（授業の成果に影響すると予想される要因）を組み込んだ精緻化された研究デザイン（例えば，事前テスト－授業－事後テスト）を教師と協働で行う考え方である。

ここでは数量的・質的研究が行われるが，とくに質的研究は，認知科学，人類学，言語学の影響を受け発展したものを導入している。したがって，現代の教科心理学の方法は「折衷主義」を規範としているといえる。

2　課題と展望

研究を進めるうえで重要なことは，教科心理学が対象とする問題の特定である。その意味で問題の定義が重要になる。そのためには，問題となる教科内容（教材）に関連の学問領域の規範的定義を用いたり，観察法，調査法，実験法などの伝統的な実証的研究だけでなく，教室場面における教師・子どもの相互作用を質的研究（エスノメソドロジー）により明らかにすることも必要になる。

したがって，教科心理学の研究を進めるにあたっては，まず第一に，教科内容（教材）にかかわる学問領域，例えば，理科の内容であれば物理学，化学，生物学，地学といった学問領域における概念を理解することが必要である。第二に，教室での理論志向のアクションリサーチを実施するうえで不可欠な，数量的方法と質的方法の両方を理解し，実際に駆使できるようにする必要がある。

以上の2点を実現するには，教科心理学の研究を進めるにあたっては，言い古された言葉であるが，"二足のわらじをはく"，すなわち一方の足を教育心理学，もう一方の足を学校の教科学習指導や教科内容学に置くといったスタンスが不可欠である。さらには，学校の教師との協働も必要で，その意味では常に教室での授業，つまり「教授学習過程」を意識して研究を進める姿勢をもつことが大切である。

注　引用・参考文献　1 福沢周亮（1976）『漢字の読字学習―その教育心理学的研究』学燈社／2 Collins, A.（1992）Toward a design science of education. In E.Scanlon &T.O'Shea（Eds.） *New directions in Educational Technology.* New York: Springaer.／3 Brown, A.L.（1992） Design experiments: Theoretical and methodological challenges in creating interventions in classroom settings. *The Journal of Learning Sciences* 2, pp.141-178.／4 吉田甫，エリック・ディコルテ（2009）『子どもの論理を活かす授業づくり―デザイン実験の教育実践心理学―』北大路書房

関連図書　福沢周亮・小野瀬雅人（1997）「『教育心理学の重要問題』の答え―教科心理学の50年を振り返って―」『筑波大学心理学研究』19, pp.37-57.

国語
1 目的と教育課程

新井啓子

1 目的

　国語科の目的は，言語力を身につけることと，言語を通して人間性や人格という内面的な成長を図ることである。

　学習指導要領（2008）の目標は，これまで同様「①国語を適切に表現し正確に理解する能力を育成し，伝え合う力を高めるとともに，②思考力や想像力及び言語感覚を養い，国語に対する関心を深め国語を尊重する態度を育てる」とある[注1]。

　①でめざすことは，言語そのものを適切に使ったり正確に理解したりすることと，言語を使って適切に表現したり言語で表現された内容を正確に理解することとの両面であり[注2]，国語学習の根幹である。これにより，互いの立場や考えを尊重しながら言語を通して伝え合う力を高めることができるのである。

　②は，言語を手がかりとしながら論理的に思考する力や豊かに想像する力，言語の使い方の正誤，適否，美醜などの感覚を養うことをめざすものである[注2]。国語はわが国の歴史のなかで育まれ，人間としての知的・文化的活動の中枢をなし，自己形成，社会生活の向上，文化の創造と継承などに欠かせない[注2]。そして人間性や人格という内面的な成長にかかわることとなり，したがって，国語に対する認識を深めさせ尊重する態度を育てることも重要な目標となるのである。

2 教育課程

(1)実生活で生きてはたらく国語力の育成をめざすこと

　学習指導要領では，特に「小・中・高等学校を通じて，実生活で生きてはたらく国語の能力を高めること[注3]」を重視している。多様化・複雑化する今後の社会では，国語力が周囲の人間とのよりよい関係づくりに役立つこと，生活に必要な情報を正確に収受・発信できることが不可欠だからである。そのため指導計画の作成に際しては，自ら学び課題を解決していく能力の育成を重視して，基礎的・基本的な知識・

技能が課題解決過程に沿って構成されなければならない。

そして，発達段階を押さえた学習の系統性を重視し，小学校では日常生活に必要な国語の能力の基礎を，中学校では社会生活に必要な国語の能力の基礎を，高等学校においては社会人として必要な国語の能力の基礎を確実に育成するよう図らなければならない[注3]。

(2) 発達段階を押さえた言語活動の充実を図ること

知識が増えるとは，言語量の拡大，言語理解の深化を意味する。言語の基幹教科としての国語科では，その獲得した言語の意味内容を的確にイメージしながら聞いたり読んだりする技能，言語を適切に用いて話したり書いたりして自分の意図や考えを伝える技能を習得させなければならない。

そのため学習指導要領では，国語科3領域のいずれにも言語活動例が示されている。特にその「イ」の内容[注1]はPISA型への対応であることに注意して，国語力向上をめざす活動とすることが重要である。

また言語活動は，構造的に繰り返し行うことで基礎的・基本的事項が確実に習得できるようになる。さらに他の教科・領域の学習と関連させて活用する機会を多く設けることで，充実させることができる。

(3) 言語文化と国語の特質に関する事項の指導を構築すること

国語は長い歴史のなかで形成されてきたわが国の文化の基盤であり，文化そのものである。物語などを読んだり，書きかえたり，演じたりすることを通し，言語文化を享受し継承・発展させる態度や，古典に親しむ態度などの育成が求められ，指導過程や指導方法の工夫が期待されている[注3]。また，認識や思考および伝え合いなどにおいて果たす言語の役割や，相手や場に応じた言葉の使い方や方言など，言語の多様な働きについての理解を図る[注3]さらなる工夫が求められている。

注 引用・参考文献 1 文部科学省（2008）『小学校／中学校学習指導要領』／2 文部科学省（2008）『小学校／中学校学習指導要領解説［国語編］』／3 文部科学省（2008）『幼稚園，小学校，中学校，高等学校及び特別支援学校の学習指導要領等の改善について（答申）』

関連図書 安彦忠彦監（2008）『小学校学習指導要領の解説と展開 国語編』教育出版／国語教育研究所編（1991）『国語教育研究大辞典』明治図書

内容と教育心理学
―話すこと・聞くこと―

池田進一

1 目的と内容

国語科の指導領域としての「話すこと・聞くこと・書くこと・読むこと」のなかで,「話すこと・聞くこと」の目的は,他の2つの場合と同様に,「言語活動の充実」のために,「国語を適切に表現し正確に理解する能力を育成し,伝え合う力を高める」ことである注1。

学習内容としては,小学校では,「楽しいスピーチをしよう」(教育出版 4年)などの教材を用いて,相手に応じて,根拠に基づきながら適切な言葉づかいで話すことや,相手の話をよく聞き,相互に話し合うことなどを扱う。中学校では,「対立した立場で意見を深めるディベートによる討論」(学校図書 2年)などの教材を用いて,論理的に話す力,能動的に聞く力,および,人間関係を形成する力を育成することなどを扱う。

2 エビデンス

(1) 一次的ことばと二次的ことば

ことばは,一次的ことばと二次的ことばに分けられる注2。前者は,現実の場面で,身近な人たちと相互交渉をするためのもので,遅くても児童期初期までにおもに家庭教育を通して獲得される。一方,後者は,現実を離れた場面も含みながら,不特定の人たちと相互交渉をするためのもので,とりわけ児童期以降におもに学校教育を通して獲得される。

一次的ことばを習得することは,「伝え合う力」のための基礎となり,二次的ことばを習得することは,論理的に,かつ,多面的に思考することを可能にさせ,「伝え合う力」を自在に駆使できることにつながると考えられる。

一次的ことばの習得に関する研究では,幼稚園の教師は,幼稚園児に対して,相手に伝わるように話をさせることや,相手の発話を正確に聞かせることなどを通して,話すことや聞くことを奨励する実践が

効果的であった注3。

　また，二次的ことばの習得に関する研究では，入学したての児童を対象にして，朝の会での会話の分析をした結果，教師や同輩との対人関係が成立すること，朝の会への関心が増すこと，および，教師が個々の児童の状況を正確に把握することなどが，二次的ことばの発達を支えていた注4。

(2) 「伝え合う力」を育成する方法

　1998年に，小学校と中学校の学習指導要領の改訂が告示され，「話すこと・聞くこと」とおもに関連して，「伝え合う力」の育成がより重視されることになった。そして，その育成のための方法として，話し合い，スピーチ，および，ディベートなどを導入する教育実践がより増えてきた。ただし，これらの方法の有用性を主張する所説注5は多くあるものの，そのエビデンスは，きわめて少ないのが現状である。そうした現状が生じている原因は，実験条件を統制しにくいことや評価基準を設定しにくいことなどにあると考えられる。

3　エビデンスに基づく学習支援と課題

　一次的ことばを習得させるための学習支援としては，幼児や児童の話すことと聞くことに十全な心づかいをすることが有用である。また，二次的ことばの習得のための学習支援としては，一次的ことばの場合と同様の方法と，上述した，「伝え合う力」を育成するためのさまざまな方法とを援用することが一定の効果をもつ可能性は高いと考えられる。ただし，より多くのエビデンスを得ることが今後の課題である。

注　引用・参考文献　1 文部科学省（2008）『小学校／中学校学習指導要領』／2 岡本夏木（1985）『ことばと発達』岩波書店／3 清水由紀・内田伸子（2004）「一次的ことばから二次的ことばへの移行」『お茶の水女子大学子ども発達教育研究センター紀要』2, pp.51-60.／4 清水由紀・内田伸子（2001）「子どもは教育のディスコースにどのように適応するか─小学1年生の朝の会における教師と児童の発話の量的・質的分析より」『教育心理学研究』49, pp.314-325.／5 吉田裕久（2001）「聞くこと・話すことの学習指導研究の成果と展望」『全国大学国語教育学会発表要旨集』100, pp.122-125.

関連図書　大村はま（1983）『聞くこと・話すことの指導の実際』筑摩書房／内田伸子（1996）『子どものディスコースの発達』風間書房

国語 3 内容と教育心理学
―作文―

平山祐一郎

1 目的と内容

　教科心理学において，作文を研究テーマとする場合，まず明確にしておかなければならないことは，作文を「手段」とするのか「目的」とするのかということである。

　作文を書くことで，書き手にどのような変化が生じるかを研究する場合，作文を「手段」とみなしていることになる。例えば，何らかの失敗をした場合，反省文という作文が課されることがある。これはよい反省文を書くことが求められているのではなく，反省文という作文を書くことで，書き手に深い反省がなされること，そして，その反省が心に刻まれることが意図されている。

　一方，ある条件下で生み出された作文を量的にあるいは質的に評価する場合，それは作文が「目的」となっている。例えば，ある作文指導法を実施することで，作文にどのような効果が生じるかを検討する場合，どんな作文が書けるようになるかが研究の主目的となり，書かれた作文の分析により，その指導法の効果が検証されることになる。

2 エビデンス

(1) 作文を「手段」とみなす研究

　作文を「手段」としてとらえた場合，作文を書くことによって，作文の書き手である児童生徒にどのような影響が起きたかを研究することになる。読書感想文を例にあげよう。本を読み，その後，感想や意見を書く。そのプロセスが書き手にどのような影響を与えるかを見るのである。例えば，知的側面，感情的側面，意志的側面などである。

　読書感想文を書くことによって，①読んだ本に対する理解が深まった，②新たな発見が生じた，③本の内容が記憶によく残った，といったことを検証すれば，知的側面への効果の検討となる。また，①読書の楽しみが増した，②感動が深まった，③いままでにもったことのないような感情が生じた，といったことを検証すれば，感情的側面への

影響の検討となる。

さらに、読書感想文を書くことによって、その後の読書活動が活発になったこと（図書館利用の増加や読書量の増大など）を検証すれば、それは意志（意欲）的側面の検討になる。読書感想文の研究ではあるものの、必ずしも実際に書かれた読書感想文を分析しなくても、「手段」としての研究は可能であるといえる。

(2) 作文を「目的」ととらえる研究

作文を書く前に言語連想を行うと、その後に書く作文に好ましい影響が出ることが「連想法を取り入れた作文指導法」によって知られていた。そこで、事前に言語連想を行う群と行わない群を設定し、両者の作文を比較する場合、よい作文を生み出すための条件を検討しているので、これは作文を「目的」ととらえた研究であるということができる。

この指導法は、実際に作文産出量の増大をもたらすことが確認された注1。「言語連想をすると、長い作文が書けるようになる」という教育現場での指導実感を実証的に把握したことになる。

教育の現場でさまざまに工夫されている作文指導を、心理学的に検討することは重要である。なぜなら実証的にその効果が確認されれば、その指導法をより広く実施する根拠になり、さらに、その検証作業で、いままで気づかれなかった効果が新たに見いだされる可能性があるからである。

3　エビデンスに基づく学習支援と課題

作文は書く前（構想）と書いた後（推敲）が大切である。作文を書くことが苦手な児童生徒は、構想や推敲にあまり手間をかけようとしない。そこで、構想や推敲にかける時間を計測するだけでも、その時間の長短をもとに、「もっとよく考えてから書いてごらん」とか、「書き終わったらよく読み直してみよう」などの支援（助言）をすることができる。もちろん作文内容のよしあしは、客観的な判定が容易ではないため、適切な質的評価手法の開発が課題であるといえる。

注　引用・参考文献　1 平山祐一郎（1993）「連想法を取り入れた作文指導法の効果に関する研究―作文量を中心として―」『教育心理学研究』41(4), pp.399-406.

内容と教育心理学
—読むこと—

平澤真名子

1 目的と内容

「読むこと」は，文字や単語，文を理解することを目的とし，小学校では「気付いたり，想像を広げたりしながら読む能力を身に付けさせ」「楽しんで読書しようとする態度を育てる」こと，中学校では文章の内容や要旨，展開を，的確に，注意して，評価しながら読むことを目的としている[注1]。これらを達成するため，「読むこと」の学習内容は，①文字の習得，②音読（小学校），③文章の読解，④読解を通して自分の考えを形成すること，⑤読書で構成される。

2 エビデンス

(1) 文字の習得

仮名の読みの学習では，例えば片仮名の「ツ」の読みを学習させるのに「ツユ」という語より，「ツキ」や「クツ」という言葉を使ったほうが学習の効率がよい[注2]ように，学習者がよく知っている熟知度が高い言葉を使ったほうが早く習得できる。漢字の読みの学習における研究[注3]では，漢字が構成する言葉のなかで，よく知っている言葉を使ったほうが学習の成立が早いことが明らかになっている。

(2) 音読

読書材を読む方法としては，音読と黙読がある。学年が進むにしたがって，児童生徒は読書材を黙読することが多くなる。黙読しながらタッピングした場合，音読に比べると理解度が低下した研究[注4]から，注意の面からみて読書材に集中できないときには，読書材を音読させるほうが集中できる。読解力が低かったり学年が低かったりする場合にも，音読を指導のなかに取り入れるのがよい。

(3) 文章の読解

説明的文章の読解では，傍線引きやマッピングなどの方略の使用が有効である。読書材を読みながら大事だと思うところに傍線を引いた中学生のグループは，そうでないグループより理解度が高くなる[注5]。

また，読書材を読んでマッピングを行うことも読解を深める[注6]。さらに，文章構造を意識化させることは読解に影響を及ぼす[注7]。そのため，小学生につなぎ言葉を意識しながら読むよう指導した場合，文章の理解度が高かった研究[注8]のように，接続語に注目させることは，文章構成への意識を高めるので，読解に効果的である。

(4) 読書

読書をすることによって語彙は増え，読解力にも影響を与える。小・中学生は，学年が進むにつれて読書の過程自体を楽しむことができるという研究[注9]から，読書を促進するために，いろいろな本への興味を育むことに配慮したい。そのため小学校低学年では読み聞かせをすることや，国語科の指導計画のなかに，児童生徒の読書活動への支援を積極的に組み込んでいくことが必要である。

3 エビデンスに基づく学習支援と課題

「読むこと」の指導では，「説明的な文章」に比べて「文学的な文章」の読みの指導についてのエビデンスが不足している。内外における文学的文章の特徴や面白さなどに関する研究は多いので，それらを国語科の読解指導に生かした研究の集積が望まれる。

また，小・中学校の教科書において教材として必ず取り上げられている詩，俳句，短歌などの韻文，古典分野や，PISA型「読解力」に関する「読むこと」のエビデンスはほとんどないので，今後の研究が期待される。

注 引用・参考文献 1 文部科学省（2008）『小学校／中学校学習指導要領』／2 今井靖親（1997）『仮名の読字学習に関する教育心理学的研究』風間書房／3 福沢周亮（1976）『漢字の読字学習－その教育心理学的研究－』学燈社／4 高橋麻衣子（2007）「文理解における黙読と音読の認知過程」『教育心理学研究』55, pp.538-549./5 平澤真名子（2008）「中学生が行う傍線引きとその効果」『教材学研究』19, pp.13-20./6 塚田泰彦（2001）『語彙力と読書』東洋館出版／7 岸学（2004）『説明文理解の心理学』北大路書房／8 新井啓子（2004）「説明文の読みにおける『つなぎ言葉』に着目させた指導の効果」聖徳大学大学院修士論文／9 秋田喜代美（1997）『読書の発達過程』風間書房

関連図書 福沢周亮（1995）『改訂版 言葉と教育』放送大学教育振興会／大村彰道監（2001）『文章理解の心理学』北大路書房

国語 5 内容と教育心理学
― 文章・文体 ―

池田進一

1 目的と内容

　文章とは，文から文への連接展開，および，段落から段落への連接展開からなるものを指し，文体とは，通常は，散文における文章の様式を指す注1。文章・文体に関する研究は，修辞学，国語学，言語学，および，心理学などの領域でなされてきたが，各領域における目的や方法論は必ずしも一致していない。

　これまでに提案されている文体の区分としては，文語文と口語文，文末の形式に基づいた常体と敬体，語法や修辞法などの特性に基づいた剛健体と優柔体，および，文章における意図や目的に基づいた物語文と説明文などがある。

　国語科の教科書においては，ほとんどが口語文における物語文と説明文とが占め注2，エビデンスもこれら2つに集中しているので，以下では，これら2つに関して記述する。

　物語文においては，人物，情景，心情などの描写を適切にとらえさせ，優れた表現を鑑賞させることを目的として注3，「ごんぎつね」（教育出版 小4）などの教材が用いられている。説明文においては，論理の展開や要旨を的確にとらえさせることを目的として注3，「クジラの飲み水」（学校図書 中2）などの教材が用いられている。

2 エビデンス

(1)物語文の構造と理解

　物語文の構造に関する分類としては，起承転結や，物語文の展開に関する一般的な知識としての物語スキーマなどがある。

　先行研究を整理すると，幼児や児童を対象にして，物語文を読ませた後に，その再生をさせると，再生率に関して，その重要な部分は高いが，些細な部分は低いことが示されている注4，注5。

　小学校3年生を対象にした研究では，物語文に関して，「起」「承」「転」「結」のそれぞれをかなり正確に区分すること，および，個々の

文の重要度をかなり正確に評定することが示された[注5]。

小学校5年生を対象にした研究では，物語文に関して，グループごとに協同で読み進めさせたうえで劇を上演させることが，学習意欲の低い児童の場合に，登場人物の心情の理解を促進した[注6]。

(2)説明文の構造と理解

説明文の構造としては，事実や概念を記述する宣言的説明文と，手順や操作を記述する手続き的説明文という分類などがあり，国語科における説明文のほとんどは宣言的説明文である[注2]。小学校3年から6年までを対象にした研究では，宣言的説明文に関して，各学年とも，段落ごとの要点を把握させる課題が読解を促進した[注7]。

3 エビデンスに基づく学習支援と課題

物語文や説明文を読解する際に，それぞれの構造に関する知識を用いることは明らかである。したがって，特定の文章・文体を指導する場合，教師が発問することや，児童生徒に協同で話し合わせることなどを通して，読解に関するさまざまな学習支援を採用することは有用であると考えられる。

具体的な学習支援としては，例えば，文章内の重要な箇所の理解の程度を自ら統御させることや，文章の構造に関する知識が当該の文章の展開と合致しているか否かに留意させることがあげられる。

今後の課題は，文章・文体に関して，国語科の読解の目的を効率的に達成しうる学習支援のためのエビデンスをさらに得ることである。

注 引用・参考文献 1 永野賢（1979）「文章論の構想」山口仲美編『文章・文体』有精堂出版, pp.34-42／2 岸学（2004）『説明文理解の心理学』北大路書房／3 文部科学省（2008）『小学校／中学校学習指導要領』／4 内田伸子（1986）『ごっこからファンタジーへ』新曜社／5 進藤聡彦・吉田明子（1986）「物語理解におけるメタ認知的知識の役割」『教育心理学研究』34(2), pp.148-154.／6 神田真理子（2002）「児童は物語をどのように読み深めるか(2)」『日本教育心理学会総会発表論文集』44, p.529.／7 岸学（1996）「説明文の指導目標と読解力との関係について―挿入質問を伴う読解の効果―」『東京学芸大学紀要　第1部門』47, pp.31-38.

関連図書 波多野完治（1990）『文章心理学』小学館／加藤周一・前田愛校注（1989）『文体』岩波書店

国語 6 内容と教育心理学
― 文法 ―

吉田佐治子

1 目的と内容

「文法」の指導は，学習指導要領の「伝統的な言語文化と国語の特質に関する事項」の「言葉の特徴やきまりに関する事項」に含まれる。この目的は，「国語の果たす役割や特質についてまとまった知識を身に付けさせ，言語感覚を豊かにし，実際の言語活動において有機的に働くような能力を育てること」である。こうした能力は，3領域の指導を通して指導することが基本ではあるが，場合によってはそれだけを取り上げて学習させることもある注1。

2 エビデンス

日本語を母語とする学齢期以降の人であれば，あらためて教えられずとも，日本語の「文法」を（ほぼ）正しく用いながら，日々の生活を送っている。そのためか，国語科の文法学習については，学習者からはあまり好まれてはおらず，指導者からはその指導のむずかしさを指摘されている注2，3，4。

学習者からは，例えば「嫌い」「必要ない」「役に立たない」「知識の押しつけ」などの言葉が，指導者からは「一方的な講義になる」「生徒が理解できない，興味がない」「入試の影響がある」ことが困難な点としてあげられている。しかしながら，森山注5，6は，小学生と大人とでは同じ文を読んでも異なる解釈をすることを示している。このような知見からは，言語発達支援としての文法の指導が必要であることが示唆されよう。

学習者側からの文法学習を考えるために，実態をとらえようとした山下注7は，やや不自然な文を提示し，「必要」ならば修正させた。その結果，構文を整えること以外の修正も多いこと，主述関係には強い執着を示すが，それ以外の係り受けには意識が薄いことなどを示した。また，山下注8は，「そして」の拙い用法は，意味・用法についての理解不足によるものではなく，文連接の能力不足を補うためであること

を示した。

母語教育では，第二言語などの学習に比べて，学習者の既有知識が圧倒的に多い。これを利用した「インダクティブ・アプローチ」という指導法がある。学習者は，自身の言語認識を題材とし，話し合いをしながら，メタ認知し，意識化する。文法を学習者が発見していくのである注9, 10。

松崎注11は，学習者の言葉についての興味を調査した。半数以上の学習者が「言葉に興味がある」と回答しており，その内容としては「敬語」「方言」「文法と理解」「言葉の乱れ」などがあげられている。これを踏まえて松崎は，方言や若者言葉から文法指導につなげることを考えているが，学習者の興味や関心を引く題材を用いることは文法の学習にとって有益であろう。

3　エビデンスに基づく学習支援と課題

文法指導に関する心理学的な研究はあまり多くはない。しかしながら，人間の統語知識や構文解析に関する知見は蓄積されてきている。これらをいかに教室場面に適用するか，今後の研究が待たれる。また，言語学における日本語文法や，外国語としての日本語教育といった領域も，資することは多いであろう。

注　引用・参考文献　1 文部科学省（2008）『小学校／中学校学習指導要領』／2 安藤修平・影山智一（2001）「口語文法指導の歴史と展望」『全国大学国語教育学会発表要旨集』99, pp.232-235.／3 松崎史周（2003）「文法学習に対する生徒の意識」『日本の文法教育Ⅰ　平成14-16年度科研費基盤研究C(1)（課題番号14510444）平成14年度中間報告書』pp.29-30.／4 山室和也（2006）「中学校における文法指導に対する意識についての調査・研究―接続語の取り扱いを中心に―」『全国大学国語教育学会発表要旨集』111, pp.75-78.／5 森山卓郎（2001）「文法と教育―『よう（だ）』の文法的探索を例にしつつ―」『国文学　解釈と教材の研究』46(2), 学燈社／6 森山卓郎（2003）「小学生はいかに文を解釈するか―同一解釈の計算から―」『日本語文法』3(2), pp.58-80.／7 山下直（2006）「学習者の文法的着眼に関する一考察」『全国大学国語教育学会発表要旨集』110, pp.49-52.／8 山下直（2008）「学習者の『そして』使用の問題点：接続詞指導の観点から」『全国大学国語教育学会発表要旨集』115, pp.87-90.／9 森篤嗣（2000）「文法指導におけるインダクティブ・アプローチ」『全国大学国語教育学会発表要旨集』99, pp.124-127.／10 森篤嗣（2001）「小学校国語科教育におけるインダクティブ・アプローチ導入の基礎理論」『教育実践学論集』2, pp.63-75.／11 松崎史周（2004）「中学校国語科における文法教材についての考察」『全国大学国語教育学会発表要旨集』106, pp.57-60.

国語 7 内容と教育心理学
―語句指導と語彙指導―

福沢周亮

1 目的と内容

(1) 語句指導

語句指導は難語句の指導が典型的な例であるが，読解指導や作文指導に従属する形で行われている。ただし，この形の指導では，語句を語といわゆる連語を合わせたものと考えるにしても，概念があいまいである。

語句指導では，①語句の意味を理解すること，②語句の正しい使い方や有効な使い方ができるようになること，③語句の量を増やすことなど，語句について質的な面と量的な面の深まりが目的および内容として考えられている。

(2) 語彙指導

語彙指導については，従来上記の語句指導を語彙指導という場合も認められる。しかし，現段階では，語句指導と語彙指導は分けて考えられるようになっており，語句指導に比べて語彙指導は独立性が強い。語彙とは語の集まりを指しており，その指導が語彙指導で，読解指導や作文指導と並ぶべき指導であるとの主張が認められるのである。

語彙指導の目的および内容は，国語科教育として，ぜひ取り上げておきたい語を指導することである。国語科教育の大きな指導領域は読解指導と作文指導であるが，これらはいずれも文および文章を中心にしていて，特定の語を取り上げることは少ない。したがって，あらかじめ指導するべき語を選定しておき，それを教科書と並行しながら指導するところに独立性の強い指導が認められるのである。

2 エビデンス

語彙指導を行うには，どのような語彙を選ぶかということ，すなわち語彙選定（語彙統制，語彙制限ともいう）が大きな問題で，これが解決しないと，語彙指導が従来の語句指導と同じような状況になってしまうだろう。語彙選定とは，学習材料としての語彙を教育上の観点

から選定することで，すでに『教育基本語彙』注1として発表されている語彙は，語彙選定の結果を示すものである。

語彙選定の理想的な形としては，児童生徒の語彙の実態が明らかにされており，そのうえに立って，教育目標に基づく語彙の選定が行われることが望ましい注2が，語彙の実態を明らかにすること自体が大きな問題で，語彙選定に結びつくものはできていない。しかし，そのなかで―小学校でのものであるが，児童の実態を熟知度によって調査し，そのうえに立って教育目標を考慮しながら選定した語彙表が作成されている注3,4。

3　エビデンスに基づく学習支援と課題

実際に教育基本語彙または学習基本語彙を選定できても，実際に語彙指導を行うとなると，指導する語を選ばざるをえなくなる。そこで要求される課題は，語の働きに目を向けさせることである。

以下に，学習基本語彙を作成した足利市立梁田小学校での語彙指導の実際のいくつかを取り上げる注3,4。1つは，心理学のなかでイメージの測定法として使われているSD法の考え方を取り入れて，擬音語を対象に言語感覚を養うことを目的とした授業がある。また1つは，頭音連想の手続きを取り入れて「ことばあつめ」を行った授業がある。また1つは高学年を対象とした授業で，一般意味論で指摘している通達的内包と感化的内包の考え方を背景として「意味と語感」を取り上げた授業が認められる。

新井注5は，小学校4年生・5年生を対象に，語彙指導として「つなぎ言葉」に着目させた授業を進めたところ，語彙の拡張のみでなく語彙の理解の深化も認められ，論理的に説明文を読む力となったことが認められた。

注　引用・参考文献　1 阪本一郎（1958）『教育基本語彙』牧書店／2 福沢周亮（1996）「学習基本語彙」福沢周亮編『言葉の心理と教育』教育出版，pp.75-82.／3 福沢周亮・岡本まさ子編著（1981）『小学校における効果的な語彙指導』教育出版／4 福沢周亮・岡本まさ子編著（1983）『定着をめざした学習基本語彙の指導（小学校）』教育出版／5 新井啓子（2004）「説明文の読みにおける『つなぎ言葉』に着目させた指導の効果」聖徳大学大学院児童学研究科修士論文

国語 8 内容と教育心理学
―文字指導―

小野瀬雅人

1 目的と内容

日本の学校で取り上げる文字は，平仮名，片仮名，漢字，アラビア数字，ローマ字である。これらの文字の表記について指導することが文字指導である。文字の読みの指導を「読字指導」，書きの指導を「書字指導」と呼ぶこともある。

文字指導は，主として国語科で行われるが，筆順どおり字形を整えて書くことについては，硬筆，毛筆を含む「書写」で行うことになっている。しかし，実際の指導にあたっては国語科にかぎらず，すべての教科において適宜，表記に用いられる文字の指導が必要である。

2 エビデンス

文字指導に関する研究成果は，文字の読みと書きについて，学習機構が異なるため，分けて考えることが多い。書きについては「書写」でも詳しく述べるので，ここでは文字の読みを中心に述べる。

(1) 仮名文字

仮名文字には，平仮名，片仮名が含まれる。いずれも1つの文字（字形）に対して1つの音節が対応しているところに特徴がある。字形の視点からは，仮名文字の見やすさ（legibility）を指標として，見やすい文字の種類と特徴を明らかにした研究がある[注1]。文字とそうでないものを見分ける弁別能力は，仮名文字の読みにも影響し，小学生を対象に文字と図形の弁別訓練を行うことの効果も明らかになっている[注2]。音節の視点からは，単語などの音韻構造の分析行為（文字ごとに分けて発音）を取り上げ，幼児を対象に仮名文字の学習能力を高める研究[注3]と，それに基づく学習プログラムを読みの困難な発達遅滞の小学生に適用した研究がある[注4]。

また，文字と文字以外の形の違いに気づく能力（文字意識）は3歳時ころに見いだされること，幼児ではよく知らない単語（低熟知語）と一緒にその音を言語化したり，その文字を表す絵を見る「絵画化」

が有効であることも明らかになっている[注5]。さらに幼児では，会話や絵本にある書き言葉に含まれる文字・音節の使用頻度が文字習得に影響することも明らかになっている[注6]。

(2)漢字

　漢字の読字学習の機構は，仮名文字の読みと同様，1つの文字に1つの音節が対応することもあるが，1つの文字に複数の音節が対応する場合が多い。そこで，仮名文字の読みとは異なる学習機構を想定し，研究が進められた。小学生を対象とした研究では，言語材料の属性である有意味度と熟知度を指標に検討され，刺激項（漢字）より反応項（漢字の読み仮名）の熟知度の影響が大きいことが明らかになっている[注7]。大学生を対象とした研究では，漢字の物理的複雑性がもたらす漢字の読字学習への影響が検討されており，単純な漢字より複雑な漢字のほうが，読みが容易であることが明らかになっている[注8]。

3　エビデンスに基づく学習支援と課題

　文字指導では学習対象である文字が仮名，漢字のいずれであっても，それらを表す言葉との関係で学習が進むので，実際の指導においては言葉の熟知度を高める，つまり語彙を豊かにすることが重要である[注9]。そのうえで，学習者の特性（発達）に応じて字形，音，意味との関連を考える指導・支援が望ましい。今後もこれらの要因については具体的な文字材料，指導・支援対象との関係での検討が必要になる。

注 引用・参考文献　1 松原達哉・小林芳郎（1967）「仮名文字の読みやすさに関する研究」『心理学研究』37，pp.359-363./2 杉村健・久保光男（1975）「文字の読み学習に及ぼす弁別訓練の促進効果」『教育心理学研究』23, pp.213-219./3 天野清（1970）「語の音韻構造の分析行為の形成とかな文字の読みの学習」『教育心理学研究』18，pp.76-89./4 天野清（1977）「中度精神発達遅滞児における語の音節構造の分析行為の形成とかな文字の読みの教授＝学習」『教育心理学研究』25，pp.73-84./5 今井靖親（1983）「仮名の読字学習に及ぼす絵画化と言語化の効果」『教育心理学研究』31, pp.203-210./6 堀田修（1984）「文字・音節の使用頻度による平仮名の文字修得要因に関する研究」『教育心理学研究』32，pp.68-72./7 福沢周亮（1970）「漢字を学習材料とした読字学習の機構に関する研究Ⅰ：一児童における日本語2音節と図形の有意味度と熟知度一」『教育心理学研究』18，pp.158-165./8 河井芳文（1966）「漢字の物理的複雑性と読みの学習」『教育心理学研究』14，pp.129-138./9 福沢周亮（1976）『漢字の読字学習—その教育心理学的研究—』学燈社

国語 9 内容と教育心理学
―書写指導―

小野瀬雅人

1 目的と内容

小学校における「書写」の目的は,「姿勢や筆記具の持ち方を正しくし,文字の形に注意しながら,丁寧に書くこと」「点画の長短や方向,接し方や交わり方などに注意して,筆順に従って文字を正しく書くこと」(1・2年)である。3年以降は,「文字の組立て方」「大きさ」「配列」「筆圧」などに注意して書くことが求められる。中学生になると「楷書」「行書」も扱う注1。

以上の目的を達成するため,書写の学習内容は,①姿勢・筆記具の持ち方,②目的に応じた筆記具の選択と扱い方,③点や線画の特徴と筆圧等を含む筆記具の動き,④筆順,⑤字形,⑥書く速さ,⑦配列・配置,⑧書写の形式,で構成されている。

2 エビデンス

(1) 筆記具の持ち方

書写指導では,筆記具として,鉛筆や筆を用いる。筆記具を正しく持って書くことは,字形や筆記速度に影響する。筆記具の持ち方を調べた研究

図 筆記用具の持ち方の実態
(a)標準型Ⅰ(弱握型) (b)標準型Ⅱ(強握型) (c)亜型Ⅰ
(d)亜型Ⅱ (e)例外(1) (f)例外(2)

注2によると,図に示す6類型がみられた。正しい持ち方(a)の割合をみると,就学前の幼児で20%,書写指導を受けた小学校4年生でも25%にとどまった。筆記具の持ち方が字形に大きく影響しているのは,就学前の幼児と4年生の学力の高い児童だった。

(2) 筆順

筆順とは個々の文字を書く際にどの線,どの点から書き始め,どの線やどの点に筆を進めるかの順序である。筆順は,字形や筆記速度に影響する要因とされる。筆順の指導は「筆順の手引き」に基づき行われるが,その内容は現場教師の指導のしやすさをもとに作成されてい

る。幼児を対象とした筆順に関する研究注3,4の結果，筆順の誤りは，知覚（文字の見え方）や運動（運筆の方向）が原因となっていることが示された。筆順の誤りは一度身につけてしまうと矯正がむずかしいので，特に指導上の配慮が必要である。

(3)字形

書写の教科書にある字形を基準として，その字形の習得を促進する方法である「臨書」「模書」，それぞれに対応する「視写」（手本を見て書く）と「なぞり書き」（手本となる文字の上からなぞる）の練習が，手本なしで書く技能に及ぼす効果を検討した研究注5によると，入門期（学習の初期段階）においては，「視写」が有効であることが明らかになっている。また，練習する文字のサイズ（大から標準へ）や文字要素練習の効果も明らかにされている。

3 エビデンスに基づく学習支援と課題

書写指導では，「学習者」の立場から練習方法を考える機会が少なかった。「模書」（なぞり書き）は入門期の学習者にとって運動的負荷が大きいことも明らかになっている注6ので，慎重な対応が必要である。また，書写は，筆記具として鉛筆などを用いる硬筆と筆を用いる毛筆に分かれる。書写指導のエビデンスは，硬筆書写が中心なので，これらをそのまま毛筆書写に適用できないものもある。したがって，今後は，毛筆を用いたエビデンスの集積が必要となる。また，書写の質に影響する技能の側面だけでなく，書写に対する関心・意欲・態度の研究や，書道との関連で芸術性の視点からの研究も望まれる。

注 引用・参考文献 1 文部科学省（2008）『小学校／中学校学習指導要領』／2 小野瀬雅人（1996）「幼児・児童における筆記具の持ち方と手先の巧緻性の関係」『鳴門教育大学研究紀要（教育科学編）』11, pp.151-160.／3 村石昭三（1974）「幼児の筆順に関する教育心理学的研究」『ことばの研究（国立国語研究所論集）』5, pp.242-262.／4 小野瀬雅人（1995）「筆順に関する心理学的研究─筆記方向と手先への運動的負荷の関連を中心に─」『日本教育心理学会第37回総会発表論文集』p.529.／5 小野瀬雅人（1995）『入門期の書字学習に関する教育心理学的研究』風間書房／6 小野瀬雅人（1995）「書字モードと筆圧・筆速の関係について」『教育心理学研究』43(1), pp.100-107.

関連図書 藤原宏・加藤達成（1986）『書写・書道教育原理』東京書籍／福沢周亮編（1996）『言葉の心理と教育』教育出版

国語 10 評価と教育心理学

福田由紀

1 評価の目的

　すべての教科の評価の意義は，明確な学習目標に対して適切な教授活動や学習活動が行われていたかを確認することと，今後の活動をどのように修正していくかを決めることである[注1]。例えば，2008年に改訂された小学校学習指導要領の国語科の目標は「国語を適切に表現し正確に理解する能力を育成し，伝え合う力を高めるとともに，思考力や想像力及び言語感覚を養い，国語に対する関心を深め国語を尊重する態度を育てる」とされている[注2]。

2 評価の方法

　上記のような学習目標に対するさまざまな評価の方法を表に示した。

表　評価方法の例（福田，2006より改変）[注1]

	種類		概略	例
客観式テスト	記述式	単純再生法	人名や単純な事柄を記述する	（　）内に漢字を書きなさい。 きょうだい（　　　　　）
		訂正法	誤りを含んだ文章や図を訂正する	誤りの部分に下線を引いて訂正しなさい。 妹が野良猫を家にあげたのに，部屋が汚くなった。
	選択式	多肢選択法	複数の選択肢から1つを選ぶ	「美しい」の品詞はどれですか？ 1 動詞　2 名詞　3 形容詞　4 助詞　5 形容動詞
		組み合わせ法	関連のあるペアを結びつける	次の事柄と関係のある人物を選んで記号を（　）内に記入しなさい。 1 源氏物語　2 徒然草　3 枕草子 吉田兼好（　）紫式部（　）清少納言（　）
		配列法	年代順，大小順に並べ替える	次の作品を年代順に並べなさい。 坊ちゃん　　箱男　　羅生門
論述式テスト			要約する	次の文章を200字でまとめなさい。
			比較する	日米の昔話の内容について共通点と相違点をあげなさい。

例えば，知識に関連する漢字の読み書きについては，客観式テストで測定することができる。客観式テストの場合，正解が1つになるように問題を作成しなければならない。

　一方，思考力を測定したい場合には，表にある論述式テストやレポートが適切である。その際には，3段階から5段階で評定ができるような基準をあらかじめ決め採点をすることと，学習者にその基準を事前に知らせることが必要である。具体的には，①作文やレポートの体裁に関すること（誤字脱字の有無，段落のつけ方など），②内容に関すること（資料の収集が適切か，資料の意見と自分の意見が区別して書かれているかなど），③文章の書き方に関すること（読み手を意識しているか，論の展開がスムーズかなど）がある。

　また，意欲や態度などを評価する場合には，「第1章5　方法論①，p.16」で紹介した「観察法」を利用できる。さらに，学習の過程自体を評価するポートフォリオ評価や，関心・意欲，思考・判断，技能・表現，知識・理解といったさまざまな観点から総合的に評価するルーブリック評価についての詳細は関連図書を読んでほしい。

3　まとめ

　評価の意義は，学習者をランクづけすることではなく，将来の学習過程をより適切なものにするために情報を与えることである。よって，不必要に学習者の自尊心を傷つけたり，意欲を失わせたりすることがあってはならない。

　また，評価は同時に教授方法や教材の適切性に関する情報も含んでいる。教授者は，その結果を真摯に受けとめ，授業改善に臨むことが必要である。

　適切な評価を行うためには,以上のことを踏まえたうえで,学習目標を明確にして，それらにあった評価方法を選択することが大切である。

注　引用・参考文献　　1　福田由紀（2006）「授業過程のあり方」古川聡・福田由紀『子どもと親と教師をそだてる教育心理学入門』丸善／2　文部科学省（2008）『小学校学習指導要領解説［国語編］』

関連図書　　高浦勝義（2004）『絶対評価とルーブリックの理論と実際』黎明書房／安藤輝次（2001）『ポートフォリオで総合的な学習を創る』図書文化

国語 11 課題と展望

福沢周亮

1　課題

　国語科教育という教科教育だけではなく，国語教育として幅広く取り上げてみても，国語に対する心理学からの研究は，心理学全体の研究からみれば，その占める割合はきわめて小さい。

　しかし，教科心理学として各教科との比較でみると，これまで，読書心理学，文章心理学，言語心理学，発達心理学，教育心理学などの分野で行われてきた日本語に関する心理学的研究は，多かれ少なかれ国語教育および国語科教育に関係していて，他教科より心理学的研究が認められる。今回本書で取り上げた項目についての状況をみると，領域によるにしても，上記のことは指摘できる。

　このことは，1992年にまとめられた，1970年以降の心理学的研究と国語教育との関連をみた文献総覧[注1]によっても指摘されており，以下の領域に分けて取り上げられている。①文字の読み・書きに関する研究，②語彙指導に関する研究，③文章理解に関する研究，④作文に関する研究。今回の場合も，ほぼ同じ領域を中心にしている。

　しかしながら，教科心理学としてみるとき，最大の課題は，それぞれにおけるエビデンスを明らかにすることである。

　まず，どのような機構が認められるのかを明らかにすることであるが，これは国語科教育に直結しない場合でも重要な点といえる。次に教材に結びつけた検討が行われることが大事で，これが大きな課題になる。同じような物語文のいくつかについて，共通する問題を明らかにすることができても，物語文それぞれに固有の問題が認められるのであって，それを取り上げることが教科心理学として大事である。

2　展望

(1) 文字の読み・書きに関する研究

　仮名文字にしても漢字にしても，その学習の機構についてはいくつかの研究が認められるが，それが学習指導の実際にどの程度反映して

いるかは不明である。

　就学前にかなり読みができていると指摘[注2, 3]されている平仮名はともかくとしても，漢字では教科書上の扱い方や実際の指導のあり方について，さらに実証的な検討が望まれる。

　特に漢字については，読み書き併行論が一般的な考え方であるが，現実は，どの個人にあっても読みの量が書きの量よりも多く，しかもパソコンや携帯電話の普及の状況から，読み書き分離論をあらためて考えてみる必要があると思われる。

(2)語彙指導に関する研究

　語彙指導に関しては，教育基本語彙または学習基本語彙の設定が今後の大きな課題で，そのための方法の検討が急務である。

　各教科書が重要な語彙を取り上げるようになって，語彙指導が重要な指導領域であるとの認識はできていると考えられるが，実際に取り上げる語彙にゆれがあるため，実際の指導の位置づけが不明確になっている。

(3)文章理解に関する研究

　この領域は認知心理学の発展とともにさまざまな検討が行われていて，いわば基礎的な研究は進みつつある。しかしながら，実際の読解指導の場における働きかけの有効性となると不明確な点が多く，基礎と実際との乖離を認めざるをえない状況である。実際の読解指導を対象にした検討が望まれる。

(4)作文に関する研究

　基礎と実際との乖離という点では，文章理解と同様の状況であるが，文章理解に比べると基礎的な検討そのものが少ないため，基礎にしても実際にしても，これからの検討を期待したい領域である。

注 引用・参考文献　1 今井靖親・福沢周亮（1992）「心理学と国語教育」日本国語教育学会編『ことばの学び手を育てる国語単元学習の新展開1　理論編』東洋館出版社／2 今井靖親・今井道子（1983）「幼児における片仮名の読み―その実態と学習難易度の検討―」『奈良文化女子短期大学紀要』14, pp.126-134.／3 島村直己・三神廣子（1991）「幼児のひらがなの習得1―読みについて―」『日本教育心理学会第33回総会発表論文集』, pp.45-46.

関連図書　福沢周亮（1995）『改訂版 言葉と教育』放送大学教育振興会

トピック

学習指導要領　　　　　　　　　　　　　石田恒好

1　学習指導要領の基本的性格

学習指導要領は，教育課程の基準，指導の基準といわれている。それには領域，各教科の内容・目標，基準授業時間数，指導上の留意点などが示されている。各学校では，地域や学校の実態および児童生徒の心身の発達段階や特性を十分考慮して，学習指導要領で示されている基準によって教育課程を編成しており，各教師は指導計画を作成している。

2　基準の意味

1947年発行の最初の学習指導要領は試案として示されている。教育課程は各学校の責任で編成されるべきもので，その際に参考にする手引とされ，基準的文書ではなかった。

1958年から試案でなくなり，文部省告示となって，国家的基準となり，法的拘束性をもつことになった。

そして，基準の意味も，「最低でもなく，最高でもない。最低でもあり，最高でもある。つまり，基準そのものである」といわれていたが，学校週5日制に伴って，内容を削減し，学力低下の原因となったことを反省し，最近では，最低限であるとしている。

3　指導の基準―教科の内容・目標

指導の基準としては，各教科で指導すべき内容，目標が示されている。内容とは，各教科独特の領域のことで，国語の漢字，算数・数学の計算などがその例で，目標とは，能力，行動の状態のことで，知っている（知識），わかっている（理解），書ける（技能）などがその例である。ただし，一般的，抽象的に示されていて，そのまま単元の目標，本時の目標として実践で使えるものではない。

4　具体的な提示の必要性

教科指導では，内容，目標を，すべての教師に，指導の仕方がわかり，評価の仕方がわかるまでに具体化できれば，その教師なりの最善の指導と評価ができる。より多くの児童生徒に内容，目標の実現ができるといわれている。「九九（内容）を唱えることができる（目標）」といったように具体化をすることである。

この具体化の作業は各教師に任せないで，学習指導要領と同時に，内容，目標の具体化一覧を資料として発行することである。

> トピック

基礎・基本

石田恒好

1　あいまいな語義

　文部科学省が,「基礎的・基本的内容」「基礎・基本」を言いだしたのは,1977年の学習指導要領の改訂からである。1960年代の改訂では,科学教育現代化の流れのなかで,それまでの内容を精選しないで新しい内容を加えたために,高度で,多すぎる内容になってしまった。児童生徒にとっては,学習が困難な量となり,その結果,「おちこぼれ」が生じてしまったのである。

　このことから,1977年の改訂では,教科の内容を,「基礎的・基本的内容」に精選することになったのであるが,基礎とは何か,基本とは何かを規定しないままに用いられ,その後も規定されたことはなく,あいまいなまま用いられている。

　そのため,精選された学習指導要領のすべてが,「基礎的・基本的内容」そのものと考えられている。

2　多様な考え方

　語義があいまいなまま用いられているために,いろいろな考え方がある。①学校教育のすべての内容が,生涯にわたって行う学習の「基礎・基本」である。②「基礎」は,「読み,書き,そろばん」のように,生活で必要とされる知識,技能などで,「基本」は学問のなかで,それに基づいて,より高度な知識などが得られる知識である。③学力には,すべての教科の学習や社会生活に必要とされる基礎学力がある。読み,書き,そろばんである。また,各教科には,知識,技能などの基礎的学力と思考,態度などの発展的学力がある。この基礎学力,基礎的学力が「基礎・基本」である。④各教科には,すべての児童生徒に実現させたい基礎的目標・内容と,できるだけ実現させたい発展的目標,内容があり,前者が「基礎・基本」である。

3　教科指導における基礎・基本

　各教科の教育実践は,単元や本時での指導,学習であるが,単元や本時の目標,内容には,すべての児童生徒に絶対に実現,習得させたい目標,内容と,できたら実現,習得させたい目標,内容がある。前者をその単元,本時の「基本」とする。それは,その後の教科の指導,学習にとっては,「基礎」となるとの考え方が,教科指導にとっては妥当と思われる。

社会 1 目的と教育課程

西村公孝

1 目的

(1) 社会科の成立

　社会科は，戦後に成立した新しい教科である。戦前には，歴史，地理，公民，修身の教科があった。終戦を契機に戦前の社会認識教科内容が否定され，「新しい公民教育」の創造に向けて公民教育刷新委員会が設立され，その答申を受けて公民科が実践された。この内容を見た連合国軍最高司令官総司令部（GHQ）の民間情報教育局（CIE）からアメリカ社会科（Social Studies）が紹介され，その影響もあり1947年9月から社会科が開始された[注1]。

(2) 社会科の基本的性格，目的

　社会科の基本的性格は，「青少年に社会生活を理解させ，その進展に力を致す態度や能力を養成することである」[注2]と説明されている。そして，社会科の目的について，「児童に社会生活を正しく理解させ，同時に社会の進展に貢献する態度や能力を身につけさせる」とされている。すなわち，社会科の基本的性格は，児童に社会生活を正しく理解させ，社会に正しく適応し，その社会を進歩向上させていくことができるようにすることであり，理解（認識）と態度や能力の一体的育成を目的として成立した教科であったことがわかる。

(3) 社会認識形成と社会形成力の育成

　社会科は，社会的事象に関する理解とその社会に適応・貢献する能力・態度を一体的に育て，究極の目標としての「公民的（市民的）資質」を育成する民主主義社会の形成者を育てる教科として特色をもつ。そこで，社会認識を基盤に社会形成力を育成する社会科授業は，社会認識を重視する立場と社会認識を通して社会形成力を育成する立場に分かれる。

　前者の授業論としては「理解」をキーワードとする理解型授業，「説明」をキーワードとする説明型授業がある。後者の授業論として

「問題解決」をキーワードとする問題解決型授業，「意思決定」をキーワードとする意思決定型授業などがあり，教師の教育実践力としての授業構想力に子どもの資質・能力育成がかかっている注3。

2 教育課程
(1)社会科の教育課程の変遷
　社会科の教育課程は，戦後8回の学習指導要領の改訂に合わせて変遷してきている。昭和20年代の子どもの生活経験を重視する問題解決学習と昭和30年代以降の学問の知識の系統を重視する系統学習を軸に，昭和50年代の人間の能力を見直す人間中心主義社会科に分けることができる。つまり経験主義社会科時代……第1次～第2次改訂，系統主義社会科時代……第3次～第4次改訂，人間中心主義社会科時代……第5次～第8次改訂を経て，今日の教育課程が構想されている。

　また，平成元年の小学校低学年社会科廃止による生活科新設，高等学校社会科再編成による地理歴史科，公民科の成立によって，小中高12か年の教育課程が小学校で4学年，中学校で3学年の合計7学年の教育課程に縮小された。

(2)社会科の新しい教育課程
　2008年の学習指導要領では，社会科は，授業時間が小学校で20時間，中学校で55時間増え，伝統と文化，ルールと法，金融教育などの学習内容が充実した。内容構成はこれまでと変化はなく，小学校総合社会科の後，地理的分野（120時間）と歴史的分野（130時間）を学び，そのうえで公民的分野（100時間）を学ぶπ型学習が中学校で行われることになった。なお，小学校3・4年生では，地域学習（3年70時間，4年90時間），5年生では国土・産業学習（100時間），6年生では，歴史学習・政治学習・国際理解学習（105時間）を行う。

　注 引用・参考文献　1 西村公孝（2000）『地球社会時代に「生きる力」を育てる』黎明書房，pp.120-155.／2 文部省（1947）『学習指導要領』／3 西村公孝（2008）「社会形成力を育てる社会科・公民科教師の教育実践力」日本公民教育学会『公民教育研究』16，pp.35-49.

　関連図書　魚住忠久・山根栄次編（2000）『21世紀「社会科」への招待』学術図書出版社

社会 2 内容と教育心理学
―地理学習―

宮本友弘

1 目的と内容

地理学習の基本的な目的は「地理的見方・考え方」の育成である。それを促すためのさまざまな資料の活用（地理的技能），および，身近な地域を題材にした問題解決学習に関して，(1)地形学習における効果的な視覚メディアの利用法，(2)地図活用の基礎となる空間認知の発達的様相，(3)地理的事象の問題解決学習（調べ学習，話し合い学習）を促進する指導法といった観点からの教育心理学研究がある。

2 エビデンス

(1)地形学習における効果的な視覚メディアの利用法

地形に関する説明文の理解にどのような模式図が効果的であるかについて，「扇状地」に焦点を当て，高校生を対象に，教科書で使用されている模式図を類型化して比較した。

その結果，鳥瞰的な構図の場合，「扇状地」の構成要素の弁別性を高めるように地表などの質感を表現した図のほうが，単純な輪郭線のみの図よりも読解を促進した[注1,2]。また，高校生を対象に「扇状地」の写真と線画を対提示して学習させた結果，写真だけで学習するよりも，別の地形写真を「扇状地」かどうか判断する課題において成績が高かった[注3]。中学生を対象に「河岸段丘」の写真を用いた追試でも，同様の効果が認められた[注4]。

(2)地図の活用の基礎となる空間認知の発達的様相

地理的環境の表象は認知地図と呼ばれ，ルートマップ型（道をたどる移動行動に基づいて構成される系列的な表象）からサーヴェイマップ型（おもに地図を見る経験から構成され，環境内の事物の位置が相互に関係づけられた全体的，同時的な表象）へと発達的に変化するとされている。これまでの研究から，サーヴェイマップ型への移行は，①小学4年生ころから始まること[注5,6]，②俯瞰の視点の獲得によって促されること[注7]が明らかになっている。

(3) 地理的事象の問題解決学習を促進する指導法

小学5年生の「日本の農産物と耕地」「水産業の盛んな地域」に関する調べ学習において，自己の学習過程をモニタリングするメタ認知訓練の効果を検討した結果，小集団討論を導入しないと促進効果はみられなかった注8。また，小学5年生の「日本の水産業」に関する学習において教室談話を質的に分析した結果，授業進行との関連が不明瞭な児童の発話は話し合い場面で多発するが，教師がうまく対応することによって，授業進行が活性化されることが観察された注9。

3 エビデンスに基づく学習支援と課題

近年，地形学習では三次元CGなど，印刷媒体では不可能だった教材が積極的に利用されているが，研究の多くは実践報告にとどまっており，エビデンス(1)で示したような学習効果の検証が望まれる。

また，「地理的技能」として地図の活用に関する技能の育成が重視されていること，地図学習が小学3，4年生から開始されることからも，エビデンス(2)で示した空間認知の発達的様相の解明は重要な課題である。

エビデンス(3)で示した問題解決学習については，授業過程の分析だけでなく，今後は，学習成果の検証が望まれる。

注 引用・参考文献 1 宮本友弘（1993）「地形の理解に及ぼす画像の効果」『日本教材学会年報』4，pp.20-23.／2 宮本友弘（1994）「地形の学習に及ぼす呈示線画の描画形式の効果」『日本教育心理学会第36回総会発表論文集』p.354.／3 宮本友弘（1992）「地形学習における写真の利用に及ぼす線画の効果」『日本教育心理学会第34回総会発表論文集』p.313.／4 宮本友弘（1993）「地形学習における写真の利用に及ぼす線画の効果(2)」『日本教育心理学会第35回総会発表論文集』p.532.／5 谷直樹（1980）「ルートマップ型からサーヴェイマップ型へのイメージマップの変容について」『教育心理学研究』28，pp.192-201.／6 浅村亮彦（1996）「児童における認知地図の変容について―空間の地図的認識と系列的認識の発達―」『教育心理学研究』44，pp.204-213.／7 岡林春雄（2003）「児童の認知地図作成における俯瞰の視点の作用」『心理学研究』74，pp.1-8.／8 中川惠正・梅本明宏（2003）「モニタリング自己評価を用いた教授法の社会科問題解決学習に及ぼす促進効果の分析」『教育心理学研究』51，pp.431-442.／9 藤江康彦（2000）「一斉授業の話し合い場面における子どもの両義的な発話の機能―小学5年の社会科授業における教室談話の分析―」『教育心理学研究』48，pp.21-31.

社会 3 内容と教育心理学
―歴史学習―

宮本友弘

1 目的と内容

2000年代末に,歴史学習を扱った教育心理学的研究は増加している。いずれも認知心理学の知見を応用しながら,歴史的事象の「深い理解」をいかに促すかを目標にしている。大きく,(1)歴史教科書の読解,(2)歴史的事象の認識,(3)歴史学習に関連する学習者の認知的要因,の3つの研究群がみられる。

2 エビデンス

(1) 歴史教科書の読解

文章理解研究の観点から,歴史教科書固有の特徴が分析され,次のことが明らかにされている。①教科書の文章を局所的な連接性が高くなるように修正(命題間の関係の明示化など)すると,読解が促進される[注1]。②歴史教科書は本文と多様な欄外情報から構成されているが,相互に関連づけるような読みは行われにくい[注2]。③欄外情報への注意を喚起させる信号を本文に挿入すると,学習者は相互の情報を関連づけようとするが,読みやすさは損なわれる[注3]。

(2) 歴史的事象の認識

歴史的事象の認識を深める方法として象徴事例の効果が検討されている[注4]。歴史的事象を命題形式に沿って「pならば(は)qだ」と記述するとした場合,象徴事例とは,命題のqにあたる部分を具体化する事例を指す。例えば,「江戸時代に大名は参勤交代の際の大名行列にかかる費用を減らそうとした」という命題の象徴事例は,「大名は時間を節約するためにトイレかごを用意した」である。それに対し代入例とは,命題のpにあたる部分を具体化する事例を指し,例えば,「加賀藩の大名は……」となる。

象徴事例と代入例を比較した結果,象徴事例は,意外感によって学習内容を面白く感じさせること,また,もとの命題の理解を深めたり,他の象徴事例を受け入れやすくさせることが明らかにされている。

さらに，象徴事例によって，学習者の誤った認識（例えば，江戸時代は地方分権が相当程度認められていたにもかかわらず，中央集権国家と認識している，など）を修正しやすいことが実証されている[注5]。

(3) 歴史学習に関連する学習者の認知的要因

歴史学習固有の学習方略について述べる。①拡散学習，マクロ理解，ミクロ理解，暗記の4因子で記述され，いずれの使用にも短期的な有効性（目前のテストに必要）の認知が直接的に影響する[注6]。②空所補充型テストが予期された場合，学習方略の選択には，「浅い処理の学習方略（暗記）が有効である」という学習者の暗黙の知識（テスト形式スキーマ）が影響するため，深い学習方略を使用させるには，テスト形式スキーマの変容が必要であること[注7]が明らかにされている。

また，歴史学習における予習の効果が検討されており[注8]，予習によって歴史上の重要概念の背景因果の理解が促進されるが，学習者の意味理解志向（習ったこと同士の関連をつかむようにしているなど）が高くないと効果がないことが明らかにされている。

3 エビデンスに基づく学習支援と課題

上記のエビデンスはいずれも対象者や材料の点で限定的ではあるが，学習内容の構造化や提示の仕方，および，機械的な学習に陥りやすい学習者の原因と改善といった，歴史学習における重要な課題に対して示唆を与えるものである。継続的な検討が望まれる。

注 引用・参考文献 1 深谷優子（1999）「局所的な連接性を修正した歴史テキストが学習に及ぼす影響」『教育心理学研究』47, pp.78-86.／2 深谷優子・大河内祐子・秋田喜代美（2000）「小学校歴史教科書における談話構造が学習に及ぼす影響」『読書科学』44, pp.1-10.／3 深谷優子・大河内祐子・秋田喜代美（2000）「関連する情報への注意喚起の信号が歴史教科書の読み方に及ぼす影響」『読書科学』44, pp.125-129.／4 麻柄啓一・進藤聡彦（2004）「『象徴事例』概念の提案と歴史学習に及ぼす象徴事例の効果の検討」『教育心理学研究』52, pp.231-240.／5 麻柄啓一・進藤聡彦（2008）『社会科領域における学習者の不十分な認識とその修正』東北大学出版会／6 村山航（2003）「学習方略の使用と短期的・長期的な有効性の認知との関係」『教育心理学研究』51, pp.130-140.／7 村山航（2006）「テスト形式スキーマへの介入が空所補充型テストと学習方略との関係に及ぼす影響」『教育心理学研究』54, pp.63-74.／8 篠ヶ谷圭太（2008）「予習が授業理解に与える影響とそのプロセスの検討―学習観の個人差に注目して―」『教育心理学研究』56, pp.256-267.

社会 4 内容と教育心理学
―公民学習―

森　康彦

1　目的と内容

中学校における公民的分野は，地理的分野および歴史的分野の学習の成果を活用しながら学習を展開し，国民主権を担う公民として必要な基礎的教養（知識・能力・態度）を培うことをねらいとしている。内容としては，大きく「政治に関する学習」「経済に関する学習」「社会生活に関する学習」の3つの領域が含まれている。小学校社会科では公民的分野という呼称はないが，3年生での地域社会の学習をはじめとして中学校公民的分野への基礎となる学習が行われる[注1]。

2　エビデンス

(1) 社会認識の発達

政治認識の発達に関する研究は少ない。海外での研究のレビューによると，子どもは，学校などの身近なシステムのなかで政治的概念に必要な諸概念を構成し，10歳以降で学校・病院・道路などのインフラ整備についての必要性，12歳以降に法律，14歳以降に政府と，それぞれの必要性が認識されるといわれている[注2]。

経済認識の発達については，店や価格理解の面からの研究がなされている。小学校中学年から高学年にかけて，店を構成する価格や品質などの多様な視点を理解し，立地と関連づけた認識も促進される[注3]。また，消費者側要因と生産者側要因を因果的に関連づけて考える推理が増加するといわれている[注4]。体験活動の有効性を調べた研究によると，小学3年生で買い物経験を授業に取り入れた群では，量・価格・質・消費期限などの理解において効果があった[注5]。

(2) 認識の変容（素朴理論の修正を中心として）

自然現象と同様，社会現象についても，子どもは日常生活を通して強固な素朴理論を形成していると考えられている。素朴理論の修正について，大学生を対象とした試みで，経済学的に上位の説明原理を提示したり，複数の事例を適用したりすることで修正に成功した例[注6]

や，自分の素朴理論を明確にしたうえで，葛藤教材を提示し検討させることで修正に成功している例[注7]がある。しかし，素朴理論の修正は，時間とともに元に戻ってしまうと指摘されており[注7]，子どもの認知傾向や認識形成についてさらに研究を進めることが必要である。

認識変容の方略として，調査・見学など社会生活への参加観察活動や，対象とかかわる多様な視点取得経験が重要だといえる[注8]。

3 エビデンスに基づく学習支援と課題

情報社会の進展とともに批判的思考力が注目され，小学校高学年において発達するといわれるメタ認知を基盤として，データの検証，推論の吟味などの批判的思考力育成の試みがされている[注9]。また，意思決定過程を組み込んだ学習が重視され，シミュレーション教材やロールプレイを伴う意思決定過程が多様な視点を踏まえた概念形成や共感の促進に有効であると示唆されている[注10]。構成主義学習論の視点からは，学び合い重視の学習が提起され，それに伴いグループ討論の分析研究がされている[注11]。今後の質的分析が待たれる。

注 引用・参考文献 1 文部科学省（2008）『中学校学習指導要領および中学校社会編解説』／2 木下芳子（2008）「社会認識の発達」日本児童研究所編『児童心理学の進歩』47，金子書房，pp.139-166.／3 加藤寿朗（2005）「子どもの社会認識発達とその形成に関する実験・実証的研究―小学校社会科単元『地域の商店や商店街』を事例として―」『日本教科教育学会誌』27(1)，pp.1-10.／4 藤村宣之（2002）「児童の経済学的思考の発達―商品価格の決定因に関する推理―」『発達心理学研究』13(1)，pp.20-29.／5 白木一郎・寺尾健夫（2001）「構成主義的アプローチに基づく社会科学習指導過程の研究」『福井大学教育実践研究』26，pp.193-212.／6 麻柄啓一・進藤聡彦（2008）『社会科領域における学習者の不十分な認識とその修正―教育心理学からのアプローチ―』東北大学出版／7 栗原久（2007）「学習者の素朴理論の転換をはかる社会授業の構成について―山小屋の缶ジュースはなぜ高い―」『社会科教育研究』102，pp.62-74.／8 秋田喜代美（1996）「科学的認識・社会的認識の学習と教育」大村彰道編『教育心理学Ⅰ・発達と学習指導の心理学』東京大学出版会／9 森康彦（1997）「小学校社会科における批判的思考の育成に関する実証的研究」1996年度鳴門教育大学大学院修士論文／10 小栗秀樹（1999）「中学校社会科授業における意志決定過程に関する実証的研究」『上越社会研究』14，pp.109-118.／11 柴田好章他（1999）「中学校社会科グループ討論におけるコミュニケーション過程の分析」『日本教育工学会研究報告集』99(2)，pp.67-72.

関連図書 田丸敏高（1993）『子どもの発達と社会認識』京都法政出版

社会 5 内容と教育心理学
―見学・調査・体験学習―

近藤智嗣

1 目的と内容

教室内で行われる社会科の授業の多くは，資料などを活用した間接的経験の学習である。しかし，社会的事象を学習するためには直接的経験も重要で，これを補うためには教室外で体験的な活動を行う必要がある。これが「見学・調査・体験学習」の目的である。

内容としては，小学校第3学年・第4学年では「地域における社会的事象を観察，調査する」，第5学年・第6学年では「社会的事象を具体的に調査する」ことが目標に掲げられている。また，指導計画の作成にあたっては「観察や調査・見学などの体験的な活動やそれに基づく表現活動の一層の充実を図ること」「博物館や郷土資料館等の施設の活用を図るとともに，身近な地域及び国土の遺跡や文化財などの観察や調査を取り入れるようにすること」とされている[注1]。

中学校では，地理的分野の「地域調査など」，歴史的分野の「博物館・郷土資料館などの施設の見学・調査」，公民的分野の「調査や見学などを通して具体的に理解させること」があげられている。また，指導の全般で「体験的な学習の充実を図るようにする」と示されている[注2]。

社会科の学習に活用できる施設としては，上記のほかに，産業などに関する博物館，資源・エネルギーに関する博物館，地域産業振興センター，遺跡や文化財など多様である[注3]。

2 エビデンス

(1) 博物館リテラシーと事前学習

博物館などを活用する意義は，教科書では伝えることができない実物資料を間近に見学・調査できることである。しかし，博物館の展示は，生涯学習として幅広い層を対象としており，展示の意図を読み取ることがむずかしい場合もある。そのため，児童生徒にはメディアとしての博物館を読み解く「博物館リテラシー」が必要になる。

事前学習としては，博物館の見方なども重要であり，その効果も認められている注4。

(2)体験学習プログラムの活用

博物館などでは展示だけでなく，体験学習などのプログラムも多く用意されている。琵琶湖博物館の事例では，博学連携で学習プログラムを開発し，さらに展示を見学するだけではない体験学習の効果も報告されている注5。

(3)体験的な学習の効果と役割体験

体験的な活動は，児童生徒の知的好奇心や学習への動機づけを高めることが期待されているが，そのほかには「コミュニケーション力がつく」「集団活動への参加意欲が高まる」などの点で，その効果が期待され，また実感もされているという結果が報告されている注6。また，これまで社会科で実践されてきた体験的学習には，社会的な役割体験が部分的に内包されていることが実践事例により検証され，役割体験の必要性を主張した研究もある注7。

3 エビデンスに基づく学習支援と課題

見学・調査が可能な施設は充実してきているが，効果的に活用するためには，基本的なリテラシーが必要である。これに関する研究は実践例も含めていまだに少ない。

また，展示物を学習に有効に活用するためには，学習プログラムも有用で，博学連携などで開発を推進する必要がある。体験学習については，技術や文化の体験だけでなく，社会システムのなかに位置づけた学習も重要であり，今後の研究が望まれる。

注 引用・参考文献 1 文部科学省（2008）『小学校学習指導要領』／2 文部科学省（2008）『中学校学習指導要領』／3 文部科学省（2008）『小学校学習指導要領解説［社会編］』／4 奥本素子（2008）「博物館初心者の展示理解と解釈のための学習支援方法とその効果についての教育工学的研究」総合研究大学院大学文化科学研究科博士論文／5 木下裕也他（2007）「琵琶湖博物館と連携した体験学習プログラムの開発と評価―小学校社会科『くらしのうつりかわり』を題材に―」『滋賀大学教育学部紀要Ⅰ, 教育科学』57, pp.177-190.／6 鈴木佳苗（2008）「地域における体験学習・体験活動の効果に関する研究」『日本教育工学会論文誌』31, pp.209-212.／7 井門正美（2002）『社会科における役割体験学習論の構想』NSK出版

社会 6　内容と教育心理学
―選択・関連学習―

宮本友弘

1　目的と内容

(1) 選択学習

　選択学習とは，小学校段階では高学年児童が各教科内で学習課題や活動を選択する課題選択学習を，中学校段階では生徒が選択教科から教科を選択する教科間選択学習を指す。ただし，後者の場合においても，課題学習，補充的な学習，発展的な学習など多様な学習活動を組み入れるような工夫が求められている[注1]。

　いずれにしても，児童生徒が自らの興味・関心に基づいて学習内容を選択する点は同様であり，学習者の主体性や個性に対応した学習活動である。社会科の場合，身近な地域の自然，生活，文化，歴史，あるいは，社会一般の諸問題など多様な課題を設定しやすいことから，選択学習との親和性は高い。しかし，実証的に検討した研究はきわめて少なく，カリキュラム構成と授業実践の報告にとどまっている。

(2) 関連学習

　ここでいう「関連」とは，社会科の各分野間，学年間，学校種間，ならびに，社会科と他の教科や総合的な学習の時間との間で，相互の学習目標・内容・方法の有機的な関連を図るという意味であり，指導計画の作成上の配慮事項になっている[注1]。こうした関連について教育心理学的に検討するならば，関連を図ろうとする個々の学習内容や学習過程を基礎づける学習者の能力，技能などの諸要因について，固有性や共通性を実証的に明らかにすることが課題となるであろう。しかしながら，社会科にかぎらず，そのような研究はほとんどない。

2　エビデンス

(1) 選択学習

　中学校3年生による選択教科・社会科において学習者特性と学習過程を検討した研究がある[注2]。オリジナルの主題図，年表，統計資料の作成と発表といった課題学習を行わせ，生徒の社会科に対する得意

意識と独立達成傾向（できるだけ自分の力で物事をやり遂げようとする傾向）に着目して質問紙調査を実施した。両者の高低の組み合わせから生徒を4群に分け，各群から1名を抽出し，授業観察とVTRから，生徒の特性に応じて教師が指導法をいかに調整・工夫するかを質的に分析し，特徴づけている。

(2) 関連学習

間接的なエビデンスではあるが，高校生を対象に総合的な学習の時間（総合学習）の達成に固有の要因を検討した研究がある[注3]。学習内容は，個別にテーマを決め，1年半にわたって研究を行い，レポートにまとめるものであった。この学習に固有の要因を明らかにするために，総合学習の成績について他の科目成績を独立変数にして回帰分析を行い，予測値とのズレ（残差）が大きい者4名を抽出し，面接調査を行った。

事例の質的分析から「生徒の関心の深い領域とテーマとの結びつき」「研究の枠組み・計画の明確性」「情報収集や支援・資源へ向かう能動性」「教師からの支援の適切性」といった要因を見いだし，総合学習独自の学習様式（当該の学習課題が学習者に求める特有の行動様式）を考察している。

3　エビデンスに基づく学習支援と課題

上記のエビデンスから，選択学習については，適性処遇交互作用（ATI）の視点が有望であることが示唆される。すなわち，児童生徒の主体的な選択を基礎づけている心理的特性を見きわめ，それに応じた指導法の調整が重要である。また，関連学習については，教科の論理だけではなく，学習者に要請される学習様式や認知的活動を考慮した学習内容の関連性を明確化していくことが大切である。

注　引用・参考文献　1 文部科学省（2008）『中学校学習指導要領解説［社会編］』／2 田中博之（1989）「中学校『選択学習』のカリキュラム評価―滋賀大学附属中学校・選択B社会科を事例として―」『放送教育開発センター研究報告』9, pp.81-93.／3 高橋亜希子・村山航（2006）「総合学習の達成の要因に関する量的・質的検討―学習様式との関連に着目して―」『教育心理学研究』54, pp.371-383.

関連図書　辰野千壽編（2009）『第三版　学習指導用語事典』教育出版

社会 7 内容と教育心理学
―資料活用学習―

近藤智嗣

1 目的と内容

　社会科で外界の事象を学習する際，観察や調査・見学などの体験的な活動も行われているが，すべての社会的事象を直接経験することはできない。そこで，これを補うための学習活動として資料を効果的に活用することが必要となる。これが「資料活用学習」の基本的な目的である。ここでいう資料とは，文書資料（図鑑やパンフレットなど），視聴覚資料（ビデオや写真など），現物資料（実物，標本，模型など），統計資料（各種統計書，統計年鑑など）などのことである。

　学習者が，これらの資料から社会的事象を読み取るためには，資料活用能力が必要である。資料活用能力は「既存の資料を収集，選択，読み取り，分析，批判したり，自ら資料を作成，管理し，そのために必要な情報機器を活用する能力」と定義されている[注1]。指導にあたってはこの能力の育成も重要である。

　「資料活用学習」の内容は，小学校では，学校図書館や公共図書館，コンピュータなどを活用して，資料の収集・活用・整理などを行い，第4学年以降では地図を活用すること[注2]，中学校では，地図や年表を読み，かつ作成し，新聞，読み物，統計その他の資料を活用すること[注3]になっている。

　また，中学校の各分野では，さまざまな資料からの適切な選択，多面的・多角的な考察，公正な判断，適切に表現する能力と態度を育てることが目標の1つになっている。さらに，コンピュータや情報通信ネットワークなどを積極的に活用すること，その際，情報モラルの指導に配慮することが示されている。このように，メディアリテラシーや情報活用能力の要素も含んでいることは着目すべきことである。

2 エビデンス

(1) 資料活用能力の実態

　「平成15年度小・中学校教育課程実施状況調査」には，資料活用能

力の育成の実態について詳細な調査結果が報告されている注4。これによると，小学校では，統計資料や分布図を読み取ったり相互に関連づけたりすることで不十分な内容があったこと，中学校では，公民的分野において，資料の用い方など追求の仕方が十分に身についていないと考えられることが指摘されている。この結果から，資料活用能力は一概に評価できるものではなく，資料の種類や分野によって偏りがあることがわかる。このことを考慮に入れた指導が必要である。

(2)情報通信技術（ICT）利用による資料活用

資料の収集には，インターネットを利用することも有効である。例えば，教育情報ナショナルセンター（NICER)注5や教科書会社，教材会社などは，インターネットで公開されている各種資料やそのリンク集を提供している。また，標高データや空中写真，その他の情報も備えた Google Earth や地理情報システム（GIS）を活用した実践研究も多くなってきている。さらに，資料活用能力の向上を目的としたICTによる教材開発も行われている注6。

3　エビデンスに基づく学習支援と課題

資料活用能力の育成という観点からの指導も成果を上げ，いわゆるコピー・アンド・ペーストするだけではなく，資料をもとに考察する学習態度が備わってきていると考えられる。資料活用学習の実践事例報告は多いが，心理学的な研究はほとんどないのが現状である。より効果的な活用法の開発や学習段階や発達段階に応じた活用法の研究，新しいメディアによる効果など，今後は実証的な研究が必要である。

注　引用・参考文献　1 藤田詠司「資料活用能力」（2000）森分孝治・片上宗二編『社会科重要用語300の基礎知識』明治図書，p.115．／2 文部科学省（2008）『小学校学習指導要領』／3 文部科学省（2008）『小学校／中学校学習指導要領』／4 国立教育政策研究所教育課程研究センター（2005）『平成15年度小・中学校教育課程実施状況調査報告書 小学校社会，中学校社会』／5 http://www.nicer.go.jp/ ／6 川島芳昭他（2004）「資料活用能力の向上を目的とした学習支援教材の改善」『日本教育工学会大会講演論文集』20, pp.709-710.

関連図書　日本図書館情報学会研究委員会編（2005）『学校図書館メディアセンター論の構築に向けて―学校図書館の理論と実践―（シリーズ図書館情報学のフロンティアNo.5)』勉誠出版

社会 8 内容と教育心理学
― 環境学習 ―

多喜川広伸

1 目的と内容

「環境学習」の目的は，環境と人間とのかかわりや自然など環境の価値についての認識を深めるとともに，環境問題を引き起こしている社会経済などの仕組みを理解し，環境に配慮した仕組みに社会を変革していく態度を養うことである注1。

以上の目的を達成するために，小学校社会科の環境学習に関する内容として，3,4年生では，「飲料水など資源の確保と環境保全」「ゴミなどの廃棄物の処理と環境保全」「資源の有効利用と再利用」を，5年生では，「国民生活と食料生産」「自然環境や資源の重要性」「環境への働きかけ」「自然条件と人々の生活との関連」「公害の防止」「国土の保全と森林資源」などの内容が示されている注2。

2 エビデンス

(1)授業スタイル

環境問題は喫緊の課題であり，学習したことが現実的な事柄に適応しないという「判断の転移」の問題については，何らかの解決策が必要であると考える注3。本稿では，そのための有効な学習方法として，現実の社会問題を教材として取り上げ，それについての意思決定を問う「意思決定型」の授業を提案したい。例えば「牛乳パックのリサイクルをどうするか」というような問題に対して，継続，中止の立場から調べ学習を行い，リサイクルのメリット・デメリットを検討し，それを比較して，どちらかに決定するという「合理的判断に基づいた意思決定」を行う授業スタイルである。

(2)合理的な判断を育成する授業構成

意思決定型の授業では，「合理的な判断」をどう育成するかが問題となる。合理的な判断は，「合法則的合理性：論理学や統計学といった客観的な法則に合致している」と「合目的的合理性：個人や社会の目的に適合している」注4の2つの面からの育成が必要である。

また，合目的的判断の方法・手順「①考慮したい要因のリストアップ，②情報の入手，③それぞれの要因の重みづけ，④総合的な判断（意思決定）」注4に従った授業構成をすることで，望ましい合理的な判断のプロセスを経験することにもつながる。牛乳パック問題でいえば，環境問題の解決という目的を子どもに意識させたうえで，①メリット・デメリットの調査，②功罪表の作成，③経済性や利便性等要因の重みづけ，④継続か中止の意思決定という授業構成になる。

(3) 合理的かつ現実的な判断場面の設定

　人は，社会的な判断や意思決定をする際，社会の仕組みから考えてどうすべきなのかという「論理的な認知」と，周りの人はそのことについてどう考えているのかという「情意的な認知」を複線的に働かせる「システム認知」の枠組みによって行おうとする注5。社会科の授業では前者のみを検討した授業構成を行いがちであるが，後者も意識した授業構成にすることで，社会の現実場面で働く「判断」をシミュレートすることができると考える。

3　エビデンスに基づく学習支援と課題

　環境学習に，合理的判断やシステム認知など心理学研究のエビデンスを取り入れることで，子どもの思考過程にそった授業を組織することができ，「よりよい判断のための力」を育成することができると考えるものである。

　環境学習についての社会科授業研究は現在，多数の発表があるが，心理学研究のエビデンスを生かした研究は限られたものしかない。今後「心理面」からのアプローチによる研究を期待したい。

注　引用・参考文献　1 国立教育政策研究所教育課程研究センター（2007）『環境教育指導資料［小学校編］』／2 文部科学省（2008）『小学校学習指導要領解説［社会編］』／3 三宮真智子（2002）「大学における思考教育　合理的な情報判断力を育てる」『鳴門教育大学授業実践研究　創刊号』pp.27-33.／4 三宮真智子（2002）「情報に対する合理的判断力を育てる教育実践研究の必要性」『日本教育工学会論文誌』26(3), pp.235-243.／5 池田謙一，村田光二（1991）『こころと社会―認知社会心理学への招待―』東京大学出版会

関連図書　森分孝治，片上宗二（2000）『社会科重要用語300の基礎知識』明治図書／小橋康章（1988）『決定を支援する』東京大学出版会

社会 9 内容と教育心理学
―国際理解学習―

橋本陽子

1 目的と内容

国際理解教育は，ユネスコ創設と同時に推進されることとなり，国際協力や国際平和，人権，基本的自由などが強調されている注1。今日では，教育審議会における「世界の中の日本人の育成を図る」方向性も加わっている。国際理解学習（国際理解教育の授業）は，「国際社会に生きる民主的，平和的な国家・社会の形成者として必要な公民的資質」注2を養う社会科以外にも，小・中学校ではおもに総合的な学習の時間に，高等学校では選択科目「国際関係」において行われる注3。その他，国語科，外国語，道徳，特別活動などでも行われる。

国際理解教育の目標は実に多様である。1996年の中央教育審議会では，①受容・共生の能力，②国や郷土を愛する心，自己の確立，③コミュニケーション能力，自己表現力，④自己の確立，生きる力を育てることとしている注4。国際理解教育の研究に長年携わっている多田注5は「グローバルマインドの育成，国際性の素地としての資質・能力・態度の育成」を基本目標としている。

以上のねらいを達成するため，国際理解学習はさまざまな形で行われているが，内容を4つに分類した研究がある。「①ふれあい型」異文化接触。「②学習型」異文化学習，外国事情学習，日本との関係の深い国の学習。「③比較型」日本の外から見た日本，日本と外国の比較。「④考え型」日本人の海外活動状況，世界が抱える問題，国際理解・協力。「①ふれあい型」と「②学習型」は小学校で多くなされ，「③比較型」と「④考え型」は中・高等学校で多く採用されていた注3。

2 エビデンス

(1)異文化接触

文化帰属意識は9歳から15歳の間に出来上がってしまい，認知・行動・感情面で文化的な枠組みが形成されると，その枠以外の言葉や社会文化的現象に対して違和感や偏見をもつようになる注6。したがっ

て，異言語や異文化に対して柔軟な小学校低学年から国際理解教育を施す必要がある注7。英語活動を通じて，外国の人にふれあった場合，小学校低学年ではコミュニケーションを図ろうとする態度が顕著に表れ，高学年では異文化理解の深まりがみられた注8。

(2)異文化学習

橋本注9は，「国際理解教育の英語活動が児童に及ぼす影響」について，ＳＤ法や質問紙法を用いて実証的に研究した。英語活動を行っている小学校の児童は，外国について肯定的なイメージをもち，異文化接触の欲求が高かった。

(3)世界が抱える問題・国際理解・協力

小学校段階では，題材になる人権，平和，国際理解，環境などを身近な具体的なものにすることが大切である注10。大津注11は「地球市民を育てる授業」として，世界が抱える問題を数多く扱い，学習者の受けとめ方と評価をまとめている。

3　エビデンスに基づく学習支援と課題

国際理解教育は知識・伝達の授業だけではなく，学習者の主体的な学びが求められる。今後も理論に基づくさまざまな実践を重ね，その成果を実証的に明らかにしていく必要がある。また学習者の発達段階を考え，小学校からの系統だったカリキュラムの確立が求められる。

注　引用・参考文献　1 ユネスコ（1974）『国際理解，国際協力及び世界平和のための教育並びに人権及び基本的自由についての教育に関する勧告』／2 文部科学省（2008）『小学校／中学校学習指導要領』／3 張瓊華（2003）「日本における国際理解教育に関する考察」『日本教育社会学大会発表要旨集録』(55), pp.18-19.／4 文部省（1996）『第15期中央教育審議会答申』／5 多田孝志（1997）『学校における国際理解教育』東洋館出版社／6 箕浦靖子（1984）『子供の異文化体験』思索社／7 SLA研究会編（1994）『第二言語習得研究に基づく最新の英語教育』大修館書店／8 菊田怜子・牟田博光（2001）「公立小学校の英会話活動において指導行動が及ぼす影響」『日本教育工学雑誌』25(3), pp.177-185.／9 橋本陽子（2006）「国際理解教育の英語活動が児童に及ぼす影響」聖徳大学大学院児童学研究科修士論文／10　金森強（1997）「国際理解教育を目指す外国語教育」『長崎ウエスレヤン短期大学紀要』20, pp.77-88.／11 大津和子（1992）『国際理解教育』国土社

関連図書　佐藤群衛（2001）『国際理解教育』明石書店

社会 10 評価と教育心理学

宮本友弘

1 評価の目的

　教育心理学における教育評価研究では，測定（あるいはアセスメント）と評価（測定結果に対する解釈・価値判断）を区別し，おもに前者について検討されることが多い。そこでは，測定対象の概念的記述と測定方法の信頼性・妥当性が検討されるが，社会科を直接的に扱った研究はほとんどない。

　一方，近年の教育評価研究では，測定，評価の次の段階として，評価後の教師・学習者への影響を加え，それらの一連のプロセスとして教育評価をとらえつつある。そして，学習者への重大な影響の1つとして，「テストへの適応」注1が指摘されている。

　「テストへの適応」とは，学習者がテストを受けるなかで，「テスト作成者はこういったことを評価したいのだ」とその評価基準・意図を推察し，それに合わせて自らの学習行動を変化させる現象を指す。例えば，学習者が，多肢選択問題や穴埋め問題などの記憶の再認・再生を問うようなテストを数多く経験した場合，その適応として，深い処理の学習方略（学習内容の有意味化や学習内容どうしの構造化など）の使用が抑制され，浅い処理の学習方略（暗記など）の使用が促進される。これは，中学生の歴史学習を扱った研究で実証されている注2。

2 エビデンス

　中学2年生を対象に，授業後に繰り返し空所補充型テストを課す群と記述式テストを課す群を設定して，全5回からなる歴史授業（学習内容は第一次世界大戦～ベトナム戦争）を行い，授業後にテストを毎回実施した注2。

　第5回目テスト前の見直しの時間の後，どのような学習方略を使用していたかを質問紙で尋ねた結果は次のとおりである。空所補充群では浅い処理である暗記方略（授業中に習った内容を理解せずそのまま処理する方略：「むずかしい言葉や内容を理解しないでノートにまる

写しした」など）が有意に多く使用されていた。一方，記述群では深い処理であるミクロ理解方略（個々の出来事や人物に対する意味理解処理を重視する方略：「事件や出来事の名前が出てきたとき，その内容を理解する努力をしながら授業を受けた」など），マクロ理解方略（歴史の大きな流れに対する意味理解処理を重視する方略：「細かいことよりも，大きな流れを重視して授業を受けた」など）が有意に多く使用されていた。

3 エビデンスに基づく課題

歴史学習に限らず，社会科のテストや入学試験では用語の再生・再認を求めることが多い。その結果，学習者が用語の暗記といった学習行動に動機づけられる可能性が高い。実際，目前のテストをクリアするだけの形骸化した学習は「ごまかし勉強」と呼ばれ，社会科学習で顕著であることが示されている[注3]。

また，国立教育政策研究所が小学校6年生6,665名，中学校3年生9,394名を対象に実施した「特定の課題に関する調査（社会）」（2008年）の結果からは，①習得されている知識・概念が断片的であり，有意味化や構造化がなされていないこと，②各種資料から必要な情報を読み取り，活用する力が不十分であることが示唆される。ある意味，学習者の「テストへの適応」を示す傍証ともいえよう。

「社会科は暗記科目」という言葉で象徴されるように，社会科における「テストへの適応」は，学習指導要領が想定する学習者の姿とは乖離している。また，「テストへの適応」は，望ましい学習行動を阻害するだけではなく，それによって測定対象以外の要素が系統的に混入し，テストの妥当性を低めることになることが指摘されている[注1]。評価研究の新たな視点として，今後ともいっそうの検討が望まれる。

注 引用・参考文献 1 村山航（2006）「テストへの適応―教育実践上の問題点と解決のための視点―」『教育心理学研究』54，pp.265-279.／2 村山航（2003）「テスト形式が学習方略に与える影響」『教育心理学研究』51，pp.1-12.／3 藤澤伸介（2008）「中学生高校生による社会科学習の質的低下―『ごまかし勉強』の傾向をさぐる―」『日本教育心理学会第50回総会発表論文集』p.271.

関連図書 鹿毛雅治編（2006）『朝倉心理学講座8 教育心理学』朝倉書店

社会 11 課題と展望

宮本友弘

1 課題

　社会科教育の基本的なねらいの1つは,「社会認識の形成」である。しかし子どもは,学校での体系的な学習だけでなく,日常経験を通して社会的事象に対する多様な認識を形成し,また,それらは発達的に変化しにくいことが明らかになっている。

　例えば,小学校2,4,6年生を対象に,「お店屋さんに行ったところ,バナナは1本30円,スイカは1個800円でした。どうしてバナナよりスイカのほうが値段が高いのですか」と質問した結果,6年生になっても自然的説明(例:スイカは大きいから)をした者が相当数みられ,社会的説明(例:生産するのがむずかしいから)をした者は少数であった。この傾向は,工業製品でも同様であった[注1]。

　また,小学校2～6年生を対象に,価格判断(レモネード店経営者の立場に立たせ,さまざまな場面のもとで販売価格を判断する)について4年にわたる追跡調査を行った結果,判断基準として経済ルール(利益追求をめざした経済的に合理的な判断)と生活ルール(客の心情や立場を汲んだ生活者としての合理的な判断)のどちらを適用するかは,文脈に依存し,発達的変化に一定の傾向は見られなかった[注2]。

　さらには,大人であっても,正しい社会認識が形成されていないことが明らかにされている。例えば,大学生を対象に,銀行の貸付係の立場に立たせ,ローン申し込み者に貸し付けるかどうかの判断理由を求めたところ,経済的理由づけ(担保や保証人の有無など)をする者は少なく,倫理的,人道主義的理由づけ(借手の人格や能力に言及など)をする者が多くみられた[注3]。

　以上は,経済分野における一種の素朴概念,あるいは,素朴理論を示唆する現象である。素朴概念とは,日常経験を通して形成されてきた概念であり,それらを包括する思考の枠組みは素朴理論と呼ばれる。これまで,おもに理数科分野で研究され,正統な科学的概念の形成を

阻害することが明らかになっている。近年，社会科領域においても注目されつつあり，上記した経済分野に加え，歴史的事象の認識を対象に検討されている注4。社会科教育の目標に照らしても，地理分野も含め，教育心理学が積極的に取り組むべき課題といえる。

また，素朴概念は，現実世界をそれなりに説明することができるため，明確な必然性がないかぎり，授業によって科学的な知識への移行が延期される可能性が高い注5。大人になっても正しい社会認識が獲得されていないのは，「社会科は暗記科目」といわれるように，素朴概念を残したままの機械的学習による結果であるとも考えられる。この意味で，社会科領域における素朴概念研究は実践的にも意義がある。

2 展望

近年の米国における学習科学の研究成果を総括した著作によれば注6，学習は既有知識の適切な活性化によって促進されることを強調しており，次のような研究を推奨している。①各学年ごとに，生徒が教室にもち込んでくる典型的な既有知識を同定する，②学習者の既有知識と教科の知識とが適合している場合には，両者のつながりを顕在化する，③学習者の素朴理論と科学理論の橋渡しをするための漸進的な学習系列を明らかにする。「歴史学習」（p.56）で紹介した「象徴事例」を用いた歴史認識研究注4は，まさに，この考えを具体化した好例であり，社会科のさまざまな内容で応用されることが期待できる。

注 引用・参考文献 1 田丸敏高（1989）「児童の価格と利子の理解にみる社会認識の発達」『鳥取大学教育学部研究報告（教育科学）』31, pp.213-224.／2 福田正弘（2002）「子どもの日常的社会認知の発達(4)―子どもの価格判断に見る遊動的発達―」『長崎大学教育学部紀要』38, pp.45-51.／3 高橋惠子・波多野誼余夫（1996）「社会認識における人道主義的な誤解―銀行の仕組の理解の場合―」『日本教育心理学会第38回総会発表論文集』／4 麻柄啓一・進藤聡彦（2008）『社会科領域における学習者の不十分な認識とその修正』東北大学出版会／5 平真木夫（2009）「教授・学習研究の動向」『教育心理学年報』48, pp.115-122.／6 森敏昭・秋田喜代美監訳（2002）『授業を変える―認知心理学のさらなる挑戦』北大路書房

関連図書 木村彰道編（1996）『教育心理学Ⅰ』東京大学出版会／鹿毛雅治編（2006）『教育心理学』朝倉書店

算数・数学 1 目的と教育課程

秋田美代

1 目的

　学習指導要領では，算数・数学科教育の全体を通じて養うべき能力，資質，態度を明らかにしている。

　2008年3月に改訂された学習指導要領注1では，小学校算数の目標は，次のように示されている。

　「算数的活動を通して，①数量や図形についての基礎的・基本的な知識及び技能を身に付け，②日常の事象について見通しをもち筋道を立てて考え，③表現する能力を育てるとともに，④算数的活動の楽しさや数理的な処理のよさに気付き，進んで生活や学習に活用しようとする態度を育てる。」(番号は筆者による)

　中学校数学の目標は，次のように示されている。

　「数学的活動を通して，①数量や図形などに関する基礎的な概念や原理・法則についての理解を深め，③数学的な表現や処理の仕方を習得し，②事象を数理的に考察し表現する能力を高めるとともに，④数学的活動の楽しさや数学のよさを実感し，それらを活用して考えたり判断したりしようとする態度を育てる。」(番号は筆者による)

　小・中学校とも目標は一文で記されているが，その内容は①～④の部分に分けることができる。①は知識・理解，②は数学的な見方や考え方，③は表現・処理，④は関心・意欲・態度にかかわることである。

　算数・数学科の目標は，数学教育の実用的役割，文化的役割，陶冶的役割を考慮して構成されている。近年の国内・外の学力調査の結果から，わが国の児童生徒については，思考力・判断力・表現力を問う読解力や記述式問題，知識・技能を活用する問題等に課題があることが明らかになっている。

　2008年の改訂では，この結果を受け，算数的活動・数学的活動を通して，学習内容の意味の理解を深めること，思考力，活用力等を育成することを特に要請している。

2 教育課程

教育課程という言葉は，curriculum の訳として用いられることがあるが，日本では，一般的に学習指導要領によって規定される教育目標・内容・方法の基準を指すものとして用いられる。

2008年3月に改訂された小学校学習指導要領での「第3節 算数」，中学校学習指導要領での「第3節 数学」は，「第1 目標」「第2 各学年の目標及び内容」「第3 指導計画の作成と内容の取扱い」によって構成されている。

小学校算数の各学年の内容は，算数の内容の全体を見やすくし，内容の系統性や発展性をわかりやすくするために，「A 数と計算」「B 量と測定」「C 図形」「D 数量関係」の4領域に分けて示されている。2008年の改訂では，これまで低学年では設けていなかった「D 数量関係」の領域を低学年でも設けることとしたこと，各学年において，4領域の内容に続けて「算数的活動」の内容を示すこととしたことが新しい点である。

中学校数学の各学年の内容は，「A 数と式」「B 図形」「C 関数」「D 資料の活用」の4領域に分けて示されている。2008年の改訂では，不確定な事象である確率・統計を取り上げる新たな領域として「D 資料の活用」を新設したことに伴い，これまで「C 数量関係」の領域に位置づけられていた関数にかかわる内容を，新たな「C 関数」の領域として独立させ，これまで「C 数量関係」の領域で扱っていた関数にかかわる内容をそのまま継承することとしたこと，各学年において，4領域の内容に続けて「数学的活動」の内容を示すこととしたことが新しい点である。

2008年の改訂による教育課程は，「算数的活動・数学的活動の一層の充実」「学年・学校段階で内容の一部を重複させた，反復による教育課程の編成」「数学的な思考力・表現力の育成」「学ぶ意欲の向上及び学ぶことの意義や有用性を実感させる」などを重視している。

注　引用・参考文献　1 文部科学省（2008）『小学校／中学校学習指導要領』

算数数学 2 内容と教育心理学
—数と計算—

藤村宣之

1 目的と内容

「数と計算」領域の目的は，自然数，小数，分数とその四則に関する概念を理解し，あわせてその計算スキルを獲得することにある。

2 エビデンス

(1) 数概念の発達

数の概念について，ピアジェは，具体的操作期にあたる7，8歳ころに出現するとした。例えば，数の保存課題[注1]では，6個の青いおはじきが一列に等間隔に並べられ，6個の赤いおはじきがそれと平行に両端をそろえて等間隔に置かれる。青いおはじきの間隔を広げて列を長くし，「同じだけある？」と子どもに尋ねると，7歳より前の幼児の多くは，列の長さに着目して「青いおはじきのほうが多い」と答えたりする。これに対して，小学校低学年の児童の多くは「どちらも同じ」と答える。

数の概念に関しては，4歳ころまでに計数に関するスキーマ（数の基数性）と量の比較に関するスキーマ（数の序数性）が獲得され，6歳ころになると，この2つのスキーマが統合されて1つの心的数直線が構成されるとみられている[注2]。この内的な数直線を利用することで，「7と9ではどちらが大きいですか」といった簡単な整数を比較する課題に正答できるようになる。

(2) 基本的な計算スキル

就学前後の子どもは6＋9のような計算をどのように行うのだろうか。このようなたし算の問題に対する子ども自身の解法を分析した研究[注3]では，幼稚園児から2年生にかけて，1からの計数（6＋9を1，2，……，6，7，……，15とすべて数えて答えを出す方法）が減少する一方で，最小（6＋9を9＋6と逆転させ，9から順に10，11，12，13，14，15と6回数える効率的な方法），分解（6＋9を「6＋10＝16，9は10より1小さいので16－1＝15」とするように，計算を単純な過程

に分ける方法），検索（暗記している計算結果を答える）といった諸方略の使用が増加することがわかっている。また，1人の子どもがやさしい問題には検索を，むずかしい問題では他の方略を用いるなど，難易度に応じて多様な方略を使い分けていることも報告されている。

(3)桁数の多い計算

　桁数の多い加減算（例えば，207－128）の多くは，繰り上がりや繰り下がりといったスキルを必要とするため誤りも多い。引き算のバグ（計算の誤りを引き起こすもの）についての研究は計算手続きに関する多くのバグの存在を示している。

　その誤答の生成プロセスは「間に合わせ理論」（repair theory）によって説明されている注4。2桁以上の引き算の筆算には，①1つの縦の列の中で引き算をする，②引けないときは隣の列から1借りてくる，③隣の列の上段が0のときはさらにその隣の列から1借りてくるという下位手続きが含まれる。例えば207－128の計算において，③の手続きを忘れた場合には一の位で行き詰まる。そこで「一の位に10をたして引き算をする」という，間に合わせ方略（repair heuristics）を用いる。さらに十の位を9とする方略を用い，残りの計算を行うことで179という誤答が生成される。このように，計算の誤りには子どもなりの自生的なルールが含まれていることが多い。

3　エビデンスに基づく学習支援と課題

　このように算数での学習以前から，子どもは数の概念や計算スキルを発達させてきている。それらをベースとして，どのように理解やスキルを高めていくかが，教科心理学からみた学習支援の課題である。

注　引用・参考文献　1 ピアジェ, J. & シェミンスカ, A.（1941/1962）遠山啓・銀林浩・滝沢武久訳『数の発達心理学』国土社／2 Case, R., Okamoto, Y., Griffin, S., McKeough, A., Bleiker, C., Henderson, B., & Stephenson, K. M.（1996）The role of central conceptual structures in the development of children's thought. *Monographs of the Society for Research in Child Development*, 61 (Serial No. 246).／3 Siegler, R. S.（1987）The perils of averaging data over strategies: An example from children's addition. *Journal of Experimental Psychology: General*, 116, pp.250-264.／4 Brown, J. S., & van Lehn, K.（1980）Repair theory: A generative theory of bugs in procedural skills. *Cognitive* Science, 4, pp.379-426.

算数・数学 3
内容と教育心理学
―量と測定―

藤村宣之

1 目的と内容

「量と測定」領域の目的は，量にかかわる諸概念の理解を深めることにある。一般に，長さ，面積，体積など，合併による加法性の成り立つ量は外延量（extensive quantity）と呼ばれるのに対して，速度，密度，濃度など，合併による加法性の成り立たない量は内包量（intensive quantity）と呼ばれる。内包量は，例えば「速度＝距離÷時間」のように，2種類の外延量の商で表現され，小学校の算数では単位あたり量として学習される。

2 エビデンス

(1) 内包量（単位あたり量）の理解の発達

内包量の1つである濃度に関して，例えば「オレンジジュース2カップと水3カップを混ぜたジュースと，オレンジジュース4カップと水6カップを混ぜたジュースではどちらが濃くなるか，それとも濃さは同じか」について図を用いて問い，判断とその理由づけを求める課題が実施された[注1]。

その結果，水やジュースのどちらか一方の次元に依拠した推理は6歳ころから，次元内の整数倍の関係に依拠した推理（倍数操作）は10歳ころから半数以上の子どもにとって可能になる一方で，任意の比に対する濃度の判断は小・中学校の段階ではむずかしかった。なお，濃度（含有密度）に対して，混み具合（分布密度）は，特に平面上の分布が図示されたときに理解が容易になり，ドットの粗密による混み具合の知覚的判断は6歳でも7割以上の子どもにとって可能である[注2]。

速度の理解も，単位当たり量を6年生で学習するよりも早くに発達する。歩く速さについて，「2 kmを42分かけて歩いた子どもと4 kmを84分かけて歩いた子どもではどちらが速いか，または速さは同じか」と尋ねた場合，単位当たり量の学習を行う以前の5年生（10～11歳）でも8割以上の子どもが「かかった時間も歩いた道のりも倍になっ

ているから速さは同じ」のように答えることができた注3。このような方略（倍数操作方略）が用いられる背景には，日常経験のなかで「倍」や「半分」の知識が獲得されていることもあると考えられる。

(2)個別単位の生成

それでは，「3kmを48分かけて歩いた子どもと4kmを72分かけて歩いた子どもではどちらが速いか，または速さは同じか」と尋ねた場合はどうだろうか。この課題は道のりや時間の数値が整数倍ではなく倍数操作方略が使えないため，さきほどの課題よりはかなりむずかしくなる。それでも単位当たり量を未習の5年生の3割程度の子どもが，この問題に対して適切な理由を述べて正しく判断でき注3，「3kmを48分かけて歩いた子どもが4kmを歩いたとすると，1kmは48÷3で16分だから，48＋16＝64分で，72分かけて歩いた子どもよりも速い」のように，道のりを4kmにそろえて考える子どもも多くみられた。

このような方略（個別単位方略）は，学校での学習を経験した後にはあまりみられない。この「一方を増やしてそろえる」考え方は，学校教育を十分に経験していないブラジルの漁師が行う計算などにもみられる注4。人間の自然発生的な思考の1つとも考えられる。

3 エビデンスに基づく学習支援と課題

以上のように，歩く速さや，ジュースの濃さなどの日常的な事柄に関しては，単位当たり量を学習する以前の小学校3～5年生（9～11歳）でも，倍数操作方略や個別単位方略といった，ある程度洗練された方略を自発的に構成することが可能である。このように子どもに既有の知識や方略を活用する形で授業を組織することが，子どもが量の概念的理解を深めていくために有効ではないかと考えられる。

注　引用・参考文献　1 Noelting, G.(1980)The development of proportional reasoning and the ratio concept: Part 1, differentiation of stages. *Educational Studies of Mathematics*, 11, pp.217-253.／2 Singer, J. A., Kohn, A. S., & Resnick, L. B. (1997) Knowing about proportions in different contexts. In T. Nunes & P. Bryant(Eds.) *Learning and teaching mathematics: An international perspective*. East Sussex, UK: Psychology Press. pp.115-132.／3　藤村宣之（1990）「児童期における内包量概念の形成過程について」『教育心理学研究』38, pp.276-286.／4 Schliemann, A., & Nunes, T. (1990) A situated schema of proportionality. *British Journal of Developmental Psychology*, 8, pp.259-268.

算数・数学 4 内容と教育心理学
―図形―

藤村宣之

1 目的と内容

「図形」領域の目的は，図形の概念や性質についての理解を深めること（小学校段階）と，それをもとにして図形と図形の間の関係について論理的に考察すること，およびその過程を通じて論理的思考力を高めること（中学校段階）にある。

2 エビデンス

(1) 図形の概念の理解

三角形や四角形は，小学校2年生の学習内容であるが，その概念の理解は，日本の子どもの場合，必ずしも十分とはいえないことが国際比較調査で示されている注1。

小・中学校での算数・数学，理科の教科内容の到達度についての国際比較調査に，国際教育到達度評価学会（IEA）による国際数学・理科教育動向調査（TIMSS）がある。この国際比較調査では，日本の児童生徒は高い水準の到達度を示してきており，2007年度に実施された調査では，小学校4年生が36か国・地域のうち4位（500点を平均としたときに568点），中学校2年生が49か国・地域のうち5位（同570点）で，香港，シンガポール，台湾などに次いでいる。

一方で，その2007年度調査において，日本の子どもの正答率が国際平均正答率と同程度の問題もある。その一つが三角形の概念を問う問題である。直角三角形と二等辺三角形を図示し，その2つの図形の「同じところとちがうところを，1つずつ書きましょう」という問題では，「同じところ」の記述に関する日本の小学校4年生の正答率が48.9％（国際平均正答率は49.1％）である一方，「ちがうところ」の記述に関する正答率は55.4％（国際平均正答率は35.8％）であった。

このことは，直角三角形，二等辺三角形という個々の図形の性質についての理解は他国に比べてよくできているが，2つの図形を関連づけて「三角形」という概念を理解することには課題があることを示し

ていると考えられる。

(2)図形の概念の理解を深める活動

図形についての概念や，図形の間の関係についての理解を深めるには，一人一人の子どもが自分自身で操作活動を行い，性質や関係を探索することが有効であると考えられる。

図形についての操作活動の1つである，しきつめ活動は，合同な図形を用いて平面をしきつめる数学的活動であり，日本では1980年代から図形指導に導入され，2008年改訂の学習指導要領でも数学的活動としての例示がなされている。

中学校1年生を対象に，しきつめ模様作りの3時間の授業が行われた研究では，線対称や点対称の性質は直接扱われていないにもかかわらず，事前調査で対称図形の理解が不十分であった生徒の理解が促進されることが示された注2。このことは，線対称の軸（垂直二等分線）や点対称の中心（中点）についての理解が，同一図形のしきつめ活動を通じて高まる可能性を示している。

3 エビデンスに基づく学習支援と課題

図形についての性質や定義を言えることや，角や辺の大きさを求めることは，手続き的知識や事実的知識の獲得に対応する。それに対して，概念の本質を理解するという意味での概念的理解には，2の(1)に示した共通点の指摘や，判断理由の説明など，知識を関連づけて主体的に構成することが必要になる。図形上で操作や計算ができるだけではなく，概念の本質を理解できているかの評価と指導が重要であろう。

また，理解の促進のために各個人の操作活動は重要であるが，それが概念的理解につながるには，その操作を通じて多様な解や解法を探究するといった問題設定が重要となる。また，論理的思考の育成には，図形の証明の型の学習に加えて，子どもがさまざまな根拠づけを行う場面を，教科を超えて設定することも重要ではないかと考えられる。

注 引用・参考文献　1 国立教育政策研究所（2008）『TIMSS2007 算数・数学教育の国際比較―国際数学・理科教育動向調査の2007年調査報告書―』／2 長谷川順一（2002）「しきつめ模様作りが中学校1年生の線対称・点対称概念の理解及び情意面に与える影響」『日本数学教育学会誌（数学教育）』84(11)，pp.2-9.

算数数学 5 内容と教育心理学
―数量関係―

藤村宣之

1 目的と内容

「数量関係」領域の目的は，2つの数量の間の対応・共変関係を理解することと，数量の分布を表や図に表現し，その特徴を理解することに整理される。

前者は小学校段階では，比例，反比例までが扱われ，中学校になると「関数」という領域に発展し，一次関数と，二次関数の一部（$y=ax^2$）が扱われる。また後者は，小学校では2次元表や度数分布などが扱われ，中学校になると「資料の活用」という領域に発展し，確率や標本調査などが扱われる。

2 エビデンス

(1)児童期における比例的推理の発達

比例は小学校6年生の学習内容である。日常生活における2つの数量の間の規則的な関係の1つを見いだす手段であるとともに，中学校の一次関数に発展する重要な概念でもある。

比例に関する推理は，子どもの側では，日常経験をもとにしながら，小学校6年生までにある程度発達してきている。速度や濃度といった内包量（「量と測定（p.78）」を参照）が一定であるときに，一方の量（例えば，模型自動車が走る時間）が変化したときに他方の量（例えば，その自動車が走る距離）がどのように変化するかを予測させ，その理由を述べさせる。特に変化が整数倍である場合（例えば2秒と4秒）の推理は，小学校中学年ころからある程度可能であり，変化が非整数倍（例えば3秒と7秒）であっても，増加方向であれば，5年生になると約半数の子どもに適切な推理が可能であることが示されている[注1]（図参照）。

そこでの推理には，例えば，「3秒で6m走ると，6秒では12m走る。あと1秒は，3秒のときに6mだったから1秒だと2mで，12に2をたすと14m」のように，場面に応じた柔軟な知識の構成が見られる。

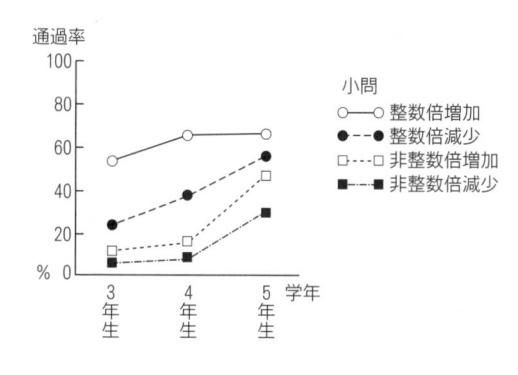

図 速度に関する比例的推理の発達 注1

(2) 比例を超えた関数の理解のむずかしさ

中学校になると比例以外の関数も扱われるようになるが，比例を二次関数や三次関数が適用される事象にまで過剰に適用する誤りが指摘されている。認知的葛藤やメタ認知的気づきを喚起することによってその誤りは減少するが，比例ではない適切な関数の理解にいたることはむずかしいことが示されている注2。

3 エビデンスに基づく学習支援と課題

比例を計算手続きのみを重視して教えると，2の(2)で示したような比例を過剰に適用する誤りに陥ることが予想される。2の(1)の研究に見られるように，子ども自身の比例的推理が適用できるような場面を設定し，子ども自身に推理を説明させ，討論させることが，比例に関する概念的理解を深めるには有効であろう。また，比例を適用できない場面と対比させることも重要であると考えられる。

注 引用・参考文献 1 藤村宣之（1995）「児童の比例的推理に関する発達的研究Ⅱ：定性推理と定量推理に関して」『教育心理学研究』43(3)，pp.315-325.／2 Dooren, W. V., Bock, D. D., Hessels, A., Janssens, D., Verschaffel, L. (2004) Remedying secondary school students' illusion of linearity：A teaching experiment aiming at conceptual change. *Learning and Instruction*., 14, pp.485-501.

関連図書 藤村宣之（1997）『児童の数学的概念の理解に関する発達的研究：比例・内包量・乗除法の概念の理解を中心に』風間書房

算数・数学 6 内容と教育心理学
―文章題―

藤村宣之

1 目的と内容

文章題の本来の目的は，特に「数と計算」領域において，日常的な事象に関連づけて，数に関する諸概念や演算の理解を深めることにある。また問題文を読んで演算を決定し，その演算を実行して解を求める文章題解決と，式や絵から文章題を作る文章題生成の側面がある。

2 エビデンス

(1) 文章題のむずかしさ

文章題には計算とは異なるむずかしさがあり，それは計算以前のプロセスである。また文章題のなかでも意味的構造や未知数の位置によって難易度は異なる。例えば加減算の文章題の場合，2つの対象を比較する問題は同一対象の数が変化する問題に比べてむずかしく，小学校1，2年生で誤りが多いことが，アメリカの児童を対象とした研究から明らかになっている[注1]。

(2) 文章題解決のプロセス

それでは文章題を解決する際のどのプロセスにむずかしさがあるのだろうか。乗除法や割合の文章題を題材に，解決にいたる4つの下位過程（変換，統合，プラン，実行）がモデル化されている[注2]。例えば，「一辺が30cmの正方形のフロアタイルが売られています。タイル一枚が90円のとき，縦7.2m，横5.4mの長方形の部屋の床にこのタイルを敷き詰めるにはいくらかかりますか」という問題で考えてみよう。

第1の変換過程では各文が心的表象に変換され，タイル1枚の値段が90円であることなどが理解される。第2の統合過程ではそれらの表象が一貫した構造に統合され，これは面積の問題であり大きな部屋に小さなタイルが多く敷き詰められる状況であることが理解される。第3のプラン過程では解決プランが立てられ，まず7.2×5.4で部屋の面積を算出し，次に0.3×0.3でタイルの面積を出すといったプランが決定される。第4の実行過程では，$(7.2 \times 5.4) \div (0.3 \times 0.3) \times 90$のように

計算が実行される。

小学校5年生を対象とした研究では，4つの下位過程のうち，第2の統合過程でのつまずきが多く生じることが報告されている注3。

(3)文章題の生成（作問）

加減法や乗除法などを学習した子どもに対して，式や絵を提示し，それに対応する文章題を作らせることで，その子どもがどの程度，その演算の概念的理解を発達させているかをみることができる。

乗除法の作問課題を小学校3～4年生に実施した研究では，除法の作問のほうが，均等配分に関する既有知識を用いることができる点で乗法の作問よりも容易であること，小学校中学年を通じて乗法の「1当たり」に関する意味理解が進むことが示されている注4。また，減法の作問課題を小学校2年生に実施した研究では，求残の場面に比べて，求補や求差（比較）の場面の理解がむずかしいことが示されている注5。

3　エビデンスに基づく学習支援と課題

このように，文章題解決には問題場面を数学的構造として理解する統合過程にむずかしさがあり，文章題生成（作問）にもそのむずかしさが反映される注6。キーワードや数値の大小を手がかりに文章題の演算を決定させるのではなく，作問や作図を用いた討論などを通じて演算の概念的理解を深めさせるような学習支援が求められよう。また，解法が一通りに定まるような定型的な文章題だけではなく，解法が多様な非定型的な文章題を扱うことが概念的理解の深化には必要である。

注　引用・参考文献　1 Riley, M. S., Greeno, J. G., Heller, J. I. (1983) Development of children's problem-solving ability in arithmetic. In H. P. Ginsburg (Ed.) *The development of mathematical thinking*. New York: Academic Press. pp.153-196.／2 Mayer, R. E. (1992) *Thinking, problem solving, cognition*. (2nd ed.) New York:Freeman.／3 石田淳一・多鹿秀継（1993）「算数文章題解決における下位過程の分析」『科学教育研究』17, pp.18-25.／4 藤村宣之（1995）「児童期における乗除法の意味理解―作問内容の分析から―」『埼玉大学紀要教育学部（教育科学）』44(2), pp.21-30.／5 金田茂裕（2009）「作問課題による小学1年生の減法場面理解の検討」『教育心理学研究』57, pp.212-222.／6 藤村宣之（1997）『児童の数学的概念の理解に関する発達的研究―比例，内包量，乗除法概念の理解を中心に―』風間書房

算数・数学 7 評価と教育心理学

藤村宣之

1 評価の目的と内容

　高校1年生を対象に，学校教育で獲得した知識やスキルを日常場面で活用する能力を測る国際比較調査に，経済協力開発機構（OECD）によるPISA調査がある。PISA調査のうちの数学的リテラシーに関して，日本の子どもの得点は，国際平均を500点として，2000年調査では557点，2003年調査では534点，2006年調査では523点と，国際的に見て上位には位置しながらも低下傾向にある注1, 2, 3。

　個々の問題に対する日本の子どもの正答率をみてみると，算数・数学に関する学力の特質が明らかになる。2003年調査で実施された，「変化と関係」領域の「身長の伸び」を問う問題についてみてみよう。この問題には，計算して答えを求める問題（問1）と，変化の性質をグラフを用いて説明する問題（問2）が含まれている。

　問1は「1980年からみると，20歳の女子の平均身長は2.3cm伸びて，現在170.6cmです。1980年の20歳の女子の平均身長はどのくらいでしたか」という質問で，答えのみを問う問題である。170.6－2.3の計算が正確にできると正解になる。この問題に対する日本の生徒の正答率は78％で，東アジアの他の国々と同様にOECD平均（67％）を上回っていた。

　一方，問2は，男子と女子の10～20歳の平均身長を示した曲線のグラフを示し，「12歳以降の女子の平均身長の増加の割合が低下していること」がグラフ上にどのように示されているかを説明させる問題である。日常用語を用いて「グラフのカーブがなだらか（平ら）になっている」と答えたり，数学用語を用いて「変化率が減少している」のように答えると正解になる。この問題に対する日本の生徒の正答率は43％で，OECD平均（45％）と同程度であった。フィンランド（正答率68％）などはOECD平均を大きく上回っていたのに対して，日本の生徒は無答率が29％と高く，OECD平均（21％）を上回っていた。

2　学力の心理学的モデル

　以上の結果は，同じ領域の問題でも，内容によって日本の子どもの学力の水準が異なることを示している。問1の解決に必要なのは，手続き的知識（減法の計算スキル）の正確な適用である。これに対して，問2の解決には，概念的理解（内包量の1つである増加率の意味の理解）と，それに関して思考を自分なりの形式で（日常語で，数学用語で，または具体的な数値を読み取って）表現することが求められる。

　つまり，問1と問2の結果を心理学的に分析すると，日本の子どもは，解法が1つに定まった問題に対して手続き的知識を正確に適用して解決すること（定型的問題解決）には秀でているが，概念的理解に基づき，思考のプロセスを多様に表現すること（非定型的問題解決）に関しては国際平均レベルであり，後者に関して何も考えを表現しない者の割合は国際平均を上回っていることを示している。

　手続き的スキルの水準の高さに比して，概念的理解の不十分さや，それに起因すると考えられる思考プロセスの表現の不十分さは，PISA調査における科学的リテラシーや，算数・数学，理科に関する教科内容の理解を測る国際比較調査であるTIMSS調査，また日本国内で実施されている全国学力・学習状況調査（算数・数学のB問題）にも共通してみられる特徴である。

3　教育心理学の視点から考える今後の算数科の評価

　算数科の評価は，「数と計算」などの領域ごとに，また「関心・意欲・態度」「数学的考え方」「表現・処理」「知識・技能」という観点ごとに行われている。一方で，以上のように教育心理学の観点から考えた場合，各領域において，手続き的知識・スキルの側面と概念的理解・思考の側面に分けて評価を行うことも有効ではないかと推察される[注4]。

　注　引用・参考文献　　1 国立教育政策研究所編（2002）『生きるための知識と技能　OECD生徒の学習到達度調査（PISA）2000年調査国際結果報告書』ぎょうせい／2 国立教育政策研究所編（2004）『生きるための知識と技能2　OECD生徒の学習到達度調査（PISA）2003年調査国際結果報告書』ぎょうせい／3 国立教育政策研究所編（2007）『生きるための知識と技能3　OECD生徒の学習到達度調査（PISA）2006年調査国際結果報告書』ぎょうせい／4 藤村宣之（2002）「算数」田中耕治編著『新しい教育評価の理論と方法　第II巻　教科・総合学習編』日本標準，pp.57-104.

算数数学 8 課題と展望

藤村宣之

1 課題

算数・数学科にかかわる心理学的アプローチによる諸研究は，類似したテーマを扱っていても，学問領域によってその重点の置き方が異なる。教育心理学や発達心理学は，算数や数学にかかわる認知や算数・数学の授業にかかわるプロセスについて，知見をより一般化させる方向で解明していく。それに対して，数学教育学研究の多くは，教科内容や単元の特質（固有性）に応じて，有効な指導法や授業過程の特質を明らかにしていくと考えられる。各領域の長所を生かし，心理学研究でも単元の特質を考慮し，数学教育学研究でも他単元や他教科等への知見の一般化を志向するようになれば，領域間の交流が進み，相互補完性が高まると考えられる。

そこで，心理学と教科教育学を統合する学問領域として，「教科教育の心理学」あるいは「教科心理学」について考えてみたい（図を参照）。図では，探究する対象がプロセスの特質であるか，働きかけによる変化であるかを横軸に，探究する場面が授業外か教室の授業場面かを縦軸に，4つの研究領域を示している。

心理学における従来の研究は，個別場面のⅠ，Ⅱと，授業場面のⅣが多く，数学教育学における従来の研究は，授業場面のⅢ，Ⅳが中心である。研究Ⅳは両者が対象としてきた領域であるが，心理学がより一般的で，単元や教科を超えて適用可能な指導法の効果を検討するのに対し，数学教育学は単元の特質を踏まえたより具体的な指導法あるいはカリキュラムの効果を検討するという特徴がある。

2 展望

教科心理学を発展させ，教育実践に寄与するものにしていくためには，4つの研究領域をそれぞれ発展させると同時に，領域間の相互の関連づけをはかっていくことが必要である。

まず，横軸の関係（①と②）については，両者を統合したアプロー

	〈プロセスの特質〉		〈働きかけによる変化〉
【個別場面】	I. 認知発達，認知プロセス	⇄	II. 個別介入の効果
	③ ↑↓	①	↑↓ ④
【教室場面】	III. 授業過程	⇄	IV. 指導法の効果
	（社会的相互作用）	②	（単元固有，一般）

図 「教科教育の心理学」の研究領域 注1

チが可能である。①について，認知発達研究に個別介入研究を組み合わせることで，働きかけによる変化可能性という発達のダイナミックな側面を明らかにできる。また，一人一人の子どもの発達や認知プロセスを検討することで，介入の有効性を規定する内的条件を解明できる注2。また，②については，授業過程研究と指導法の効果を検討する教授介入研究とを組み合わせることで，授業時の子どもと教師の，あるいは子どもどうしの社会的相互作用が，授業後にどのような効果をもたらしたかを明らかにできる。また，授業場面の子どもの言動を分析することで，授業時のどのような働きかけがどのような子どもに有効であったのかを分析できる注3。

次に，縦軸の関係（③と④）については，相互の関連づけをはかることで，それぞれの研究の方法論が，より現実に近づいたものになる。③について，子どもの認知発達や認知過程を考慮することで，授業過程の分析が，一人一人の子どもの事前の状態や授業を通じた変容を含んだものとなるであろう。一方で，授業場面の社会的相互作用を分析することによって，他者とのかかわりのなかでの発達という発達の社会・文化的側面の解明に寄与しうるであろう。また，④について，個別介入の効果についての知見は，指導法を考案する際のアイデアを子どもの認知の側面から提供する。一方で，指導法の効果についての研究は，現実場面，指導法に含まれるどのような要素がより重要かという研究課題を個別介入研究に与えることとなる。

注 引用・参考文献 1 藤村宣之（2005）「算数・数学教育」日本児童研究所編『児童心理学の進歩―2005年版―』（第44巻），金子書房，pp.87-107./2 Fujimura, N. (2001) Facilitating children's proportional reasoning: A model of reasoning processes and effects of intervention on strategy change. *Journal of Educational Psychology.* 93(3), pp.589-603./3 藤村宣之・太田慶司（2002）「算数授業は児童の方略をどのように変化させるか―数学的概念に関する方略変化のプロセス―」『教育心理学研究』50, pp.33-42.

> トピック

生きる力・自己教育力　　　　北尾倫彦

1　教育施策に関する委員会での提言

中央教育審議会の教育内容等小委員会が1983年11月に出した「審議経過報告」のなかで、「自己教育力」の育成がこれからの学校教育の重要な課題であると提言した。この言葉は、急激な社会的変化に対応する生涯教育論のなかでラングランによって提唱されたものであるが、わが国ではその言葉を生涯教育（学習）に対応した学校教育の目標として位置づけた。この流れを受けて、その後「学力観」に関する提言が続いたが、1996年7月の中央教育審議会の第1次答申のなかで、これからの教育では変化の激しい社会を「生きる力」の育成を重視すべきであると提言された。この提言を契機にゆとり教育や新しい学力観をめぐる論議へと展開していった。

2　それぞれの言葉の意味する内容

提言されるにいたった背景や経緯は似ているが、「自己教育力」と「生きる力」のそれぞれが意味するところは異なるのであろうか。「自己教育力」は、①主体的な学習意欲と意志の形成、②問題解決的・問題探究的な学習の仕方の重視、③変化の激しい社会における生き方の探究の3つの内容からなっている。他方、「生きる力」は、①自分で課題を見つけ、自ら学び、自ら考え、主体的に判断し、行動し、よりよく問題を解決する資質や能力、②自らを律しつつ、他人とともに協調し、他人を思いやる心や感動する心など豊かな社会性・人間性の育成、③たくましく生きるための健康や体力、の3つの内容をもつとされた。表現が違っても内容的に大差はなく、知、徳、体にかかわる学校教育全体でめざすべき目標である。教科指導においては、教科・領域や単元レベルでの指導や評価の目標（規準）として、いかに具体的なものにするかが問われ、今日にいたっている。

3　教科特性を重視した目標の具体化

教科にはそれぞれ独自な内容や方法があり、それらを生かした目標の具体化が求められる。その際、学問・文化の本質を踏まえるとともに、子どもの発達段階や学力の実態を視野に入れた検討を重ねる必要がある。例えば、問題解決力といっても、教科特有の論理や論理的思考の発達段階で異なるからである。

関連図書　北尾倫彦（1986）『自己教育力を育てる先生』図書文化／北尾倫彦（2008）『授業改革と学力評価』図書文化

> トピック

学習環境（教室の型）　　　　　　松木健一

1　伝達指導に適した教室

　明治以来の日本の教育は，効率よく安価に大量の知識を子どもに注入する仕組みとしては，きわめて優れたシステムであり，急速な近代化を実現できたのも教育によるところが大きい。黒板に向かって机が整然と並べられた教室では，多くの子どもを収容でき，伝達指導形式のコミュニケーションをとることで，大量の知識を注入することもでき，かつ，近代産業を支える規律正しい労働者の育成という点でも優れた教室であった。

　ところがメディアが発達し，欲しい情報はインターネットを開けばすぐに手に入る時代，必要な学習活動は反復による知識の暗記なのではない。何をどのようになすべきか，なしえたことをどのように表現し，いかに賛同を得るかなど，これまでの知識習熟型の学力観から社会参画型の学力観への転換が学校教育の課題となっている。

2　思考し判断し表現する教室

　21世紀は「知識基盤社会」であるという。当然，管理と伝達指導を中心とした教室や学校建設でよいわけではない。建物の構造は，そこでの学習活動を制限もすれば促進もする。明日の教育を見通した学校づくりに期待が寄せられている。例えば教師の意志を伝達指導する黒板から，子どもの思考を表現し，学びの痕跡を残す黒板や掲示板へ変更すると，黒板の位置や数も変化し，教室の形も長方形でないほうがより多角的なコミュニケーションにはよいかもしれない。また，授業風景を日常的に教師が見合い研鑽できる形の教室にすることが，教師の力量形成にも重要となろう。そんな学校がある。

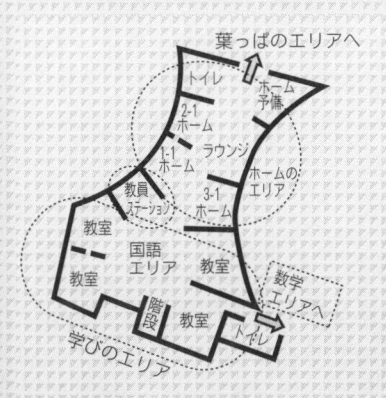

　図は福井市新中学校の国語のエリアである。異学年型教科センター方式の学校であり，教室とホームが分離し，異学年集団での特別活動と，学習痕跡を残すことで，教科文化を構築できる教室群からなっている。

関連図書　しみん教育研究会（2009）『建築が教育を変える』鹿島出版会

理科
1 目的と教育課程

土橋永一

1 目的

人間が自然と調和しながら持続可能な社会をつくっていくためには，身の回りの事象から地球規模の環境までを視野に入れて，科学的な根拠に基づいて意思決定する力が必要である。理科は，そのような科学的リテラシーの基礎を身につけていく教科である。

学習指導要領に示されている小学校理科の目標は，「自然に親しみ，見通しをもって観察，実験などを行い，問題解決の能力と自然を愛する心情を育てるとともに，自然の事物・現象についての実感を伴った理解を図り，科学的な見方や考え方を養う」である。

2 教育課程

(1) 子どもの問題解決活動

わが国の理科の授業は，多人数の児童生徒に対して一斉に指導するという形で行われている。また，全国どこでも同じ学習内容を扱っているので，学習活動や指導の方法などを比較検討しやすい。

こうしたなかで，「学級集団で問題解決活動をする」という授業がつくり出されてきている。子どもたちに自然とかかわるなかで問題をつかませ，その問題を子ども自身の観察や実験，話し合いなどの活動によって解決させ，その結果として子どもたちが知識を生み出していくという授業である[注1]。そのための教材や学習の場づくり，発問の工夫，実験観察の指導，表現活動の工夫など，具体的な実践事例や知見が蓄積されている[注2]。

(2) 子どもの学びを支える授業

子ども主体の問題解決活動の授業では，子どもたちが自然とどうかかわり，どう学ぶのかということが大きな関心事となる。子どもたちは，自然に関する独自の（素朴な）理論をそれぞれもって授業に参加する。そうした子どもの素朴理論は，科学的には精緻化されていないが，「子どもの中では首尾一貫した理論」であり，「授業を受けても容

易に変容せず，保持される傾向が強い」とされる。

そのような素朴理論（概念）に寄り添う形で，「学習プロセスのなかに概念的葛藤が生まれる場を設ける」「他者との対話，協同的な学習活動を通して，子ども自身が自分の素朴概念と向き合う場をつくる」などの実践が試みられている注3。また，子どもの学びを理解するための概念地図法，描画法なども紹介され，授業で活用されている注4。

(3)対話の豊かな授業

国際的な調査によって，わが国の理科教育の成果と課題が明らかになってきている。例えば，科学的な活動の成果としての知識を伝えることにはある程度成功しているが，「科学に対する興味・関心が低い」「理科で学んだ考え方を日常生活で応用するという視点の授業が少ない」注5などである。今後，科学的な活動に関する内容（Nature of Science）を教育課程に組み込むなどの検討が必要である。

またPISA（2006年）の子どもが授業をどう認識しているかという調査では，「生徒には自分の考えを発表する機会が与えられている……34％（OECD平均61％）」「授業は，課題に対する生徒の意見を取り入れて行われる……17％（OECD平均49％）」などの結果から，授業での子どもとの対話に関する課題が指摘されている注6。今後，一斉授業における問題解決活動をさらに工夫していくとともに，ICTの活用も含めて多様な授業形態を試みる，評価の仕方を検討する，などの取り組みが必要である。

注 引用・参考文献 1 荻須正義編著（1986）『覚える理科から求める理科へ』小学館／2 森本信也（2002）『論理を構築する子どもと理科授業』東洋館出版社／3 左巻健男・小田切真・小谷卓也編著（2009）『授業に活かす！理科教育法 小学校編』東京書籍／4 リチャード・ホワイト，リチャード・ガンストン，中山迅，稲垣成哲訳（1995）『子どもの学びを探る』東洋館出版社／5 国立教育政策研究所（2005）『理科教育の国際比較―国際数学・理科教育動向調査の2003年調査報告書』ぎょうせい／6 国立教育政策研究所（2007）『PISA2006年度調査国際結果報告書』ぎょうせい

関連図書 理科教育研究会（2009）『新学習指導要領に応える理科教育』東洋館出版社／森本信也（1999）『子どもの学びにそくした理科授業のデザイン』東洋館出版社／辰野千壽（2009）『学習意欲を高める12の方法』図書文化／日本理科教育学会編（1992）『理科教育学講座1　理科の目標と教育課程』東洋館出版社

理科 2 内容と教育心理学
―実験と観察の指導―

皆川　順

1　目的と内容

　理科は，児童生徒の思考の発達段階に応じた内容・方法を用いて，自然現象を体系的かつ科学的に学ばせ，科学的思考力を育成することが中心的な目的である。

　学習指導要領によれば，理科の実験や観察は小中学校ともに科学的な見方・考え方を養うことが目的とされている注1。また，小・中学校を通じた内容の一貫性が重視されている。

　小学校においては，中学校との連続性を重視しながらも，まずは自然に親しませ，目的をもたせて観察や実験を行わせること，および結果を科学的に整理させることが求められている。そのなかには実験や観察の技能を養うことも含まれている。

　つまり理科の実験と観察の目標は，実験や観察の技能を向上させ，自然を科学的に見る力を養い，自然のなかの法則性を探らせることであるといえる。

2　エビデンス

(1)「ものの燃え方と空気」単元での実験例

　小学校6年生の「ものの燃え方と空気」の単元において，児童が集気瓶の中のろうそくを燃やすために「集気瓶の中に空気を送り込むにはどうしたらよいか」と考えた。

　その結果，ろうそくの燃焼によって燃える空気（酸素）が燃えない空気（二酸化炭素）に変わり，それが瓶に溜まるから，空気を入れるだけでなく燃えない空気を出す必要があるということに気づいた実例がある注2。

(2)地球は平らか球状か

　「地球は平らである」という観察される結果と，「地球は球状である」という科学的知識とを，子どもから大人までの調査参加者たちがどう関連づけるかに注目した。引力の話などを計画的に教授した結果，

矛盾がどのように正しい知識に変化していくかについて研究した事例がある注3。

3　エビデンスに基づく学習支援と課題

エビデンス(1)の実験は，教師の巧みな誘導技術もさることながら，児童の「気づき」ないし「ひらめき」が問題を解決へと向かわせた。そこで，児童生徒の興味を喚起し，「気づき」や「ひらめき」を導く授業とはどういうものかについて，教育心理学的に検討することが望まれる。

また，このような気づきは通常の理科の授業のなかで，どの児童生徒にも必ず生じるものではないので，それを生じさせる条件の探求もこれからの課題であろう。

エビデンス(2)は，教育心理学の立場から，学習者がどのようにして矛盾した考えを統合的に理解するかについて述べたものである。地球は素朴な観察によれば「平ら」であるが，人工衛星などの画像を見れば，そうではないことが明らかである。この認知の矛盾を，人はそれぞれの発達段階のなかでどのように処理しているのか，この面への着目は重要である。

同様な事実，つまり素朴に考えた場合と科学的知識の場合の認知の違いは，理科教育において日常的な授業の場面にさえ現れる。「動いているものには力が加わっている」という日常的な知見と，「力が加わらなければ物体は等速直線運動をする」という運動の法則との間の矛盾は，しばしば研究の対象になる。

同時に，学習者のこのような考え方は，学校で行われる日常的な理科実験において常に影響を及ぼすものであることに留意しておく必要がある。

（注　引用・参考文献）　1　文部科学省（2008）『小学校／中学校学習指導要領』／2　湯澤正通（1998）『認知心理学から理科学習への提言』北大路書房，pp.51-52.／3　中島伸子（1995）「『観察によって得た知識』と『科学的情報から得た知識』をいかに関連づけるか―地球の形の概念の場合―」『教育心理学研究』43(2)，pp.113-124.

（関連図書）　横山正監（2007）『理科の実験・観察　生物・地球・天体編』ポプラ社／日本理科教育学会編（1993）『理科教育学講座3　理科の授業と学習の成立』東洋館出版社

理科 3 内容と教育心理学
—物理—

皆川　順

1　目的と内容

　小学校学習指導要領理科の第6学年の目標には，「燃焼，水溶液，てこ及び電気による現象についての要因や規則性を推論しながら調べ，見いだした問題を計画的に追究したりものづくりをしたりする活動を通して，物の性質や規則性についての見方や考え方を養う」と述べられている。

　また，中学校学習指導要領理科，物理領域には，「物理的な事物・現象についての観察，実験を行い，観察・実験技能を習得させ，観察，実験の結果を分析して解釈し表現する能力を育てるとともに，身近な物理現象，電流とその利用，運動とエネルギーなどについて理解させ，これらの事物・現象に対する科学的な見方や考え方を養う」と記されている注1。

2　エビデンス

(1)授業による素朴概念の変容

　授業によって児童生徒のもつ素朴概念を変容させることができるかどうかは，物理教育において中心的なテーマである。中学生が発熱体に対してもつメンタルモデルを11種のなかから選ばせて分析した研究がある。それらのモデルは，「電気エネルギーを熱エネルギーに変換する」と考えるモデルか，あるいは「電気を原料として熱を発生する」と考えるモデルとに分類され，実験授業によるモデルの質的変容が見られたという報告がある注2。

(2)実験室事例と日常生活場面の事例

　力学や熱膨張などの単元で，大学生と中学生を被験者として，日常生活場面と学校での学習状況について調べた事例がある。この研究は，特に大学生においては，知識を学習することは楽しいことだとする価値観を育むのに日常生活場面の事例提示が効果的であることを示している注3。

(3) 体験を取り入れた概念学習の例

児童をロープ製の長いブランコに乗せて，振り子の規則性を意識させるという方法を取り入れた実験授業がある。その後のデータ収集，分析，グラフ化，クラス全体での情報共有を通じて，「ひもの長さは周期に影響するか？」という問題について，顕著な理解度促進が見られた，という報告がある注4。

3　エビデンスに基づく学習支援と課題

これまでの物理教育に関する教育心理学的研究では，通常の実験や観察のみでは，児童生徒は学習以前の認知構造を容易には変化させないことが示されている。それゆえ物理教育においては，学習者が新しい単元を学ぶまでに，当該の単元に関してどのような認知構造を有しているかを検討し，それを効果的に変容させることに焦点を絞った研究が望まれており，事実，その問題に着目した授業研究が多い。

しかしこれまでの研究を概観すると，計画は綿密ではあるが，実験参加者（被験者）となる児童生徒に学力的な偏りが，若干感じられる。例えば国立大学の附属学校や私立小・中学校の多くは，高い学力を有する児童生徒で占められており，一般の小・中学校の実情を反映しているとは言いがたいのが難点である。これは今後の課題として残る。

また，新しい概念を獲得する際の障害になるのは，日常的な素朴概念にとどまらない。理科においては，以前の学年・学校で学んだ知識自体が新しい体系的な知識を取り入れる際の妨害ともなりうる注5。この問題も今後解決すべき重要な課題といえる。

注　引用・参考文献　1 文部科学省（2008）『小学校／中学校学習指導要領』／2 有川誠・丸野俊一（1998）「発熱体に対して中学生が持つメンタルモデルの分析」『教育心理学研究』46, pp.58-67.／3 麻柄啓一（1991）「日常生活場面の事例がルールの学習に及ぼす効果」『教育心理学研究』39, pp.261-269.／4 髙垣マユミ・田原裕登志・富田英司（2006）「理科授業の学習環境のデザイン―観察・実験による振り子の概念学習を事例として―」『教育心理学研究』54, pp.558-571.／5 皆川順（2001）『概念地図法による知識獲得支援の研究』風間書房, p.4.

関連図書　山下芳樹（2005）『理科は理科系のための科目ですか 個性ある授業づくりのための理科・物理教育を考える』森北出版／日本理科教育学会編（1992）『理科教育学講座4　理科の学習論（上）』東洋館出版社

内容と教育心理学
―化学―

皆川　順

1　目的と内容

小学校学習指導要領によれば，化学の目的は，例えば6学年においては「いろいろな水溶液を使い，その性質や金属を変化させる様子を調べ，水溶液の性質や働きについての考えをもつことができるようにする」とされている。

中学校学習指導要領理科によれば，「化学的な事物・現象についての観察，実験を行い，観察・実験技能を習得させ，観察，実験の結果を分析して解釈し表現する能力を育てるとともに，身の回りの物質，化学変化と原子・分子，化学変化とイオンなどについて理解させ，これらの事物・現象に対する科学的な見方や考え方を養う」とされている。

高等学校学習指導要領・化学基礎の「内容の取扱い」によれば，「中学校理科との関連を考慮しながら，化学の基本的な概念の形成を図るとともに，化学的に探究する方法の習得を通して，科学的な思考力，判断力及び表現力を育成すること」とされている[注1]。

これらのことから，観察・実験を行いながらしだいに概念的理解を深めていくことが，理科の化学領域における目標と考えられる。

2　エビデンス

(1)既有の考え方の変容

理科においては，学習者のもつ既有の考え方が新しい学習の障害になることが多い。そこで化学領域においても，授業による概念変容をいかに行うかが課題となる。

例えば認知的葛藤を生起・解消させることで概念変容を促す方法がある。事例は，質量保存の概念が変容されたことを報告している[注2]。

(2)概念群の構造化

原子単元においては，各概念群を構造化して理解することが求められる。その指導法として概念地図法が有効である。

高等学校化学の原子単元において，概念地図法を用いた授業実践の

効果を調べた研究がある。学習者が，概念間の関連（リンクラベル）を自ら図示し，それを詳細に記述する作業によって，概念群の構造的理解が進み，テスト成績に影響したことが明らかになっている注3。

(3) 正誤事例の提示順序の効果

概念の外延に含まれていると正しく判断している事例と，含まれていないと誤って判断している事例の両者を提示する場合，配列順序によって効果が変わる。正しく判断している事例を先に提示したほうが，その後の課題で好成績を示すことが明らかになっている注4。

3　エビデンスに基づく学習支援と課題

実験や観察を行うことには，教師にとっても種々の意味が含まれる。化学においては学習者の外見的な反応のみではなく，目に見えないプロセスについても理解を深めるための工夫が必要である。

例えば単元内容が体系的に理解されたか否かを知るためには，連想課題が有効である。内容の理解が進めば進むほど，学習者は階層的な概念群において，直接的なつながりのある，関係の近い概念を連想するようになることが知られている注5。

体系的な理解を導くためには，一つ一つの概念とその内包および外延とを的確に把握させる必要がある。そのためにも概念ごとの関係を化学の理論に即した形で教え，概念ごとの異同が何ゆえに生じるのかを可能なかぎり明確に示しておくことが大切である。

注　引用・参考文献　1 文部科学省（2008）『小学校／中学校学習指導要領』，文部科学省（2009）『高等学校学習指導要領』／2 高垣マユミ・田爪宏二・松瀬歩（2007）「相互教授と概念変容教授を関連づけた学習環境の設定による概念変化の促進―溶解時の質量保存の事例的検討―」『教育心理学研究』55，pp.426-437.／3 皆川順（1999）「概念地図作成法におけるリンクラベル作成の効果について」『教育心理学研究』47，pp.66-72.／4 伏見陽児（1992）「提示事例の配列順序の違いが概念の学習に及ぼす効果」『教育心理学研究』40，pp.54-63.／5 皆川順（1999）「意味記憶からの検索順位に及ぼす認知構造の要因」『道都大学社会福祉学部紀要』22，pp.45-50.

関連図書　皆川順（2001）『概念地図法による知識獲得支援の研究』風間書房／日本化学会化学教育協議会「グループ化学の本21」編（2007）『「化学」入門編　身近な現象・物質から学ぶ化学のしくみ』化学同人社／日本理科教育学会編（1992）『理科教育学講座5　理科の学習論（下）』東洋館出版社

理科 5 内容と教育心理学
—生物—

皆川　順

1　目的と内容

小学校学習指導要領理科においては，例えば6学年の目標(2)において「生物の体のつくりと働き，生物と環境，土地のつくりと変化の様子，月と太陽の関係を推論しながら調べ，見いだした問題を計画的に追究する活動を通して，生命を尊重する態度を育てるとともに，生物の体の働き，生物と環境とのかかわり，土地のつくりと変化のきまり，月の位置や特徴についての見方や考え方を養う」と，地学領域を含めて記されている。

また，中学校学習指導要領理科，第2分野目標(1)においては，「生物とそれを取り巻く自然の事物・現象に進んでかかわり，その中に問題を見いだし意欲的に探究する活動を通して，多様性や規則性を発見したり課題を解決したりする方法を習得させる」とある。

高等学校学習指導要領理科，生物においては，「生物や生物現象に対する探究心を高め，目的意識をもって観察，実験などを行い，生物学的に探究する能力と態度を育てるとともに，生物学の基本的な概念や原理・法則の理解を深め，科学的な自然観を育成する」と記されている[注1]。

2　エビデンス

(1)問題解決における典型性効果

生物に関する問題では，典型性の高い事例を用いて学習すると一般化が可能になることを，ブタとカイコ，あるいはブタとウマの例を用いて示した報告がある[注2]。これは，典型性の高い事例ほどその概念の内的表象に近い構造を含んでいるからとされる。

(2)知識の一般化と概念教示

チューリップやヒヤシンスなどの植物を例にして，タネができるかどうかなどの分類課題を行った結果から，使用する事例によって概念的な知識が一般化される可能性に差が生じることが報告されてい

る注3。

(3) 概念地図完成課題による認知構造変容

概念地図を部分的に完成させる方法を用いて，知識獲得がどのように進行するかを調べた事例がある。「花のつくりと種子のでき方」単元について検討したところ，空欄への概念記入によって，当該の概念のみならず概念群全体に対する認知構造の変容がもたらされるということが明らかになった。このことはまた，空欄記入行為が単なる記憶再生過程にとどまらないことをも意味する注4。

3 エビデンスに基づく学習支援と課題

これらのエビデンスは，生物に関する概念的な知識がどのようにして形成され変容されるかについて示唆している。生物領域において，例えば生物の種をとっても，説明のためにどの事例を用いるかによって，内容理解および一般化に関して教授効果に違いが生じることは明らかである。それゆえ，生物に関して指導する場合，教材選択が重要であるといえる。

概念地図法を用いたエビデンスでは，特に部分完成課題において実験参加者の認知構造変容に効果が生じた。これは児童生徒が多かれ少なかれ，単元内容に関するまとまった知識を既に有している場合に顕著であったことから，生物においても先行学習経験の質・量が重要な意味をもつといえる。

今後さらに，直接経験困難な領域，例えば心臓の各部分の働きや細胞内の変化などに関しても，有効な教授法の開発が望まれる。

注 引用・参考文献 1 文部科学省（2008）『小学校／中学校学習指導要領』，文部科学省（2009）『高等学校学習指導要領』／2 麻柄啓一（1989）「問題解決における典型性効果」『教育心理学研究』37，pp.312-319.／3 工藤与志文（2003）「概念受容学習における知識の一般化可能性に及ぼす教示情報解釈の影響─『事例にもとづく帰納学習』の可能性の検討─」『教育心理学研究』51，pp.281-287.／4 皆川順（2003）『概念地図法による知識獲得支援の研究』風間書房，pp.36-53.

関連図書 湯澤正通（1998）『認知心理学から理科学習への提言』北大路書房／前田幹雄（1998）『観察指導がおもしろくなる本─新しい小学校生物教育のすすめ』学陽書房／日本理科教育学会編（1993）『理科教育学講座3　理科の授業と学習の成立』東洋館出版社

理科 6 内容と教育心理学
―地学―

皆川　順

1　目的と内容

小学校学習指導要領理科第5学年においては，生物領域と関連づけながら，「植物の発芽から結実までの過程，動物の発生や成長，流水の様子，天気の変化を条件，時間，水量，自然災害などに目を向けながら調べ，見いだした問題を計画的に追究する活動を通して，生命を尊重する態度を育てるとともに，生命の連続性，流水の働き，気象現象の規則性についての見方や考え方を養う」と述べられている。

中学校学習指導要領理科においては，第2分野地学領域の目標として「地学的な事物・現象についての観察，実験を行い，観察・実験技能を習得させ，観察，実験の結果を分析して解釈し表現する能力を育てるとともに，大地の成り立ちと変化，気象とその変化，地球と宇宙などについて理解させ，これらの事物・現象に対する科学的な見方や考え方を養う」と述べられている注1。

2　エビデンス

(1) 概念群の階層的理解と連想との関係

中学校理科岩石単元において，種々の火成岩と堆積岩を下位概念とする階層的構造を考えた事例がある。生徒への提示刺激が「岩石」の場合，実験参加者の学力によって連想語が変わることが見いだされた。高い学力の参加者は1階層下の概念（火成岩や堆積岩）を想起するが，そうでない参加者は階層的に離れた概念（泥岩や花崗岩）を想起する。また学力がさらに劣っている参加者は，無関連な概念を想起する傾向があった注2。

このことは，概念群の階層的理解は，人間が自然に獲得する認知構造というよりはむしろ，体系的な教育活動の結果であることを示す。

(2) 授業による知識の精緻化をみる概念地図

高等学校地学において，概念地図による火成岩の分類形態が，授業の進行に従ってどのように変わるかを，個々の生徒ごとにみた研究が

ある[注3]。それによれば，当初は中学校理科の内容を表現した程度の概念地図が，「結晶分化作用」を教えることで，しだいに精緻なものに変化していった。

(3) 概念地図反復作成による理解促進

高等学校地学の授業で，あるクラスの生徒たちに，1か月間毎回概念地図を作成させた。このクラスと，通常の方式による授業のクラスを比較したところ，概念地図を毎回作成したクラスの生徒のテスト成績は，通常のクラスよりも有意に大きく向上した[注4]。

3 エビデンスに基づく学習支援と課題

エビデンスはほとんどが概念変容に関するものである。特に概念地図や連想課題が評価のツールとして，あるいは学習手段そのものとして用いられていることは，この領域におけるこれらの方法の有効性を明確に示すといえる。

他方，地学でも実験や観察が日常に行われているにもかかわらず，それらに関する教育心理学的研究は乏しい。これは，教科の内容は現実の自然を扱うが，実験や観察は現実を抽象化したものにならざるをえず，児童生徒に実験状況と現実をつなぐ説明をするのが困難なことも一因といえる。これが，物理や化学のように，当初から現実を抽象化した内容ならば，説明は比較的しやすいであろう。

しかし地学領域においても，日常的な実験・観察についての教育心理学的研究は，工夫次第で実施可能であろうし，またそれをすることが切に望まれる。

注 引用・参考文献 1 文部科学省（2008）『小学校／中学校学習指導要領』，文部科学省（2009）『高等学校学習指導要領』／2 皆川順（1999）「意味記憶からの検索順位に及ぼす認知構造の要因」『道都大学社会福祉学部紀要』22, pp.45〜50.／3 多賀優・草地功・戸北凱惟（2005）「火成岩の多様性と形成過程に関する概念変容の分析―高等学校の選択地学における実践を例に―」『理科教育学研究』46(1), pp.61〜67.／4 皆川順（2003）『概念地図法による知識獲得支援の研究』風間書房

関連図書 日本理科教育学会編（1992）『理科教育学講座6　理科教材論』東洋館出版社／風岡修，小林滋，末永和幸，香村一夫，島村雅英（1994）『自然と人間（新版地学教育講座）』東海大学出版会

理科 7 内容と教育心理学
—環境教育—

皆川　順

1　目的と内容

　小学校学習指導要領理科第6学年の目標では,「生物の体のつくりと働き, 生物と環境, 土地のつくりと変化の様子, 月と太陽の関係を推論しながら調べ, 見いだした問題を計画的に追究する活動を通して, 生命を尊重する態度を育てるとともに, 生物の体の働き, 生物と環境とのかかわり, 土地のつくりと変化のきまり, 月の位置や特徴についての見方や考え方を養う」と記されている。

　中学校学習指導要領理科第2分野においては, その目標として「生物とそれを取り巻く自然の事物・現象を調べる活動を行い, これらの活動を通して生命を尊重し, 自然環境の保全に寄与する態度を育て, 自然を総合的に見ることができるようにする」と記されている。

　高等学校学習指導要領地学基礎の目標においては,「日常生活や社会との関連を図りながら地球や地球を取り巻く環境への関心を高め, 目的意識をもって観察, 実験などを行い, 地学的に探究する能力と態度を育てるとともに, 地学の基本的な概念や原理・法則を理解させ, 科学的な見方や考え方を養う」と記されている[注1]。

　このように, いずれの学校においても環境教育の大切さが取り上げられているのは, 今日の時代的要請といえる。

　理科それぞれの領域において, 環境がどのようにして汚れ, またその浄化がいかに困難であるかなどの点を, 自然科学の原理から検討することが望ましい。

2　エビデンス
(1)酸性雨・土壌を対象とした環境教育実践例

　高等学校化学の実践を前提に, 酸性雨・土壌に関する, 文献調査および小・中・高等学校の理科教科書での取り扱われ方を調査した。また高校生に, 質問紙法を用いて酸性雨についての知識の調査を行った。

　その結果, 次のことが明らかになった。多様な教材化は行われてい

るものの,実践では簡易なpH測定レベルにとどまっていた。酸性雨被害を伝える教材には写真が多用され,その科学的な説明は発達段階に応じてなされていた。高校生は酸性雨の原因や被害などの知識は豊富だが,pHや溶存イオンなどの科学的な知識はあまりもっていなかった注2。

(2)化学反応と酸性雨

高等学校で,酸性の気体とアルカリ水溶液を反応させて塩の結晶を生じさせ,それを顕微鏡で観察させる授業を行った。授業後,NO_2やSO_2からいかにして硝酸や硫酸が発生し酸性雨が生じるかを生徒は理解した,という報告がある注3。

この報告は,環境汚染の問題を化学反応の側面から厳密に探究したものであり,理科教育心理学の立場から,有効な方法であろうと考えられる。

3 エビデンスに基づく学習支援と課題

理科の立場から環境教育を考えるとき,自然界における化学反応のもつ意味を十分に理解させることが望まれる。それと同時に,生物や土壌への影響に関しても追究する必要がある。

そのためには環境汚染に関係する化学反応の理解をどう促すかという課題がある。この課題はつまるところ,児童生徒が化学反応をどのようにとらえ,どう理解していくのかという認知の問題である。教育心理学的な観点からは,児童生徒の認知構造変容を促す理論的考察と実験的検討が必要であるといえる。

また,物質は一度混合すると,純粋に分離するのが困難になるという自然の原理を理解させるプロセスで,教育心理学の立場からの示唆を最大限活用すべきである。そうすることで,環境問題について,より効果的な指導が可能になるであろう。

注 引用・参考文献 1 文部科学省(2008)『小学校/中学校学習指導要領』,文部科学省(2009)『高等学校学習指導要領』/2 宮崎貴史・安藤秀俊(2008)「酸性雨・土壌を対象とした環境教育実践の動向と高校生の実態調査」『理科教育学研究』49(2),pp.67-79.,/3 仁宮章夫(2002)「酸性の気体とアルカリ水溶液との反応による塩の生成と酸性雨の学習」『科学教育研究』26(5),pp.370-375.

理科
8 評価と教育心理学

皆川　順

1　評価の目的

　理科教育における評価は，どのような意味があるのだろうか。

　理科の新しい知識は，日常生活における知識や以前に学んだ知識を常に問い直すという意味を有する。それゆえ，知識を獲得できたのか，そしてその知識を使い検証する方法を身につけたかどうかを評価することは，児童生徒が理科教育の対象である自然を，新たな観点から見ることができているかを検証する，という意味を有する。教育心理学的にいえば，認知構造の転換である。

　この転換は，学習指導要領に基づいた方向性をもつ必要がある。指導要領で「○○ができる」という形式で述べられている内容は，それは外界に対する自然科学的認識ができているか否か，という視点で解釈される必要がある。

　ある段階で構造化された知識は，それ以前の段階での知識に新たな知識を包摂して形成される。それゆえ理科の評価は，個々の児童生徒が新しい知識や技能をどのように既成の認知構造に取り込んだか，認知構造の再構成をどのように行ったかを，あくまで本人の個人内達成度を中心に評価する必要がある。ここが理科の評価で外せないポイントである。

　知識や技能は，ともすれば提示されたその場で学ぶものという側面が強調されがちである。

　しかし特に初等・中等理科教育においては，知識の獲得過程に関する問題としてとらえ，①本人の，先行・現在・以後にわたる学習内容との関連における認知構造，②学習指導要領との関連によって考えられうる理想的な人認知構造，という2つの認知構造をおさえておくことが重要である。

2　評価の方法

　理科の評価の方法には，①テスト法，②観察法などがある。各分野

の体系的知識あるいは器具操作に関する系統的知識などを問うには，テスト法が重要な評価方法である。

テスト内容は，機械的記銘を要するものも基礎的知識を問う課題として必要である。それに加えて，その段階で達成されるべき，構造的知識に基づく論理的思考がいかになされうるかを問う課題は，必要不可欠である。

最近開発された技法として，知識が学習者のなかでほんとうに構造化されているかを見ることをねらいとして概念地図法や連想法を用いる，検討・評価の方法も重要である。

3　評価の課題と展望

理科の評価では，思考力を評価する内容においても，評価の客観性を重んじて，客観テスト形式が用いられる傾向がある。この方式は，ともすればあいまいになりがちな評価基準に対する重要な批判を含んでおり，無視できない。

とはいえ，必要以上に尊重はせず，一定の限度内において用いるべき方法といえよう。

また「思考力を観る」ために論文形式の評価を用いる場合もある。この場合は，文章記述の能力と，当該の学習段階における論理的思考能力をどのように問題解決に生かしているかという実際的な問題解決能力を，分割して評価する必要がある。

ほかにも，設問に答えさせて適切な解決案を提示させるなど，評価のための問題はさまざまに考えられる。

しかしいずれの場合も，理科の評価は，①その学習段階において求められる認知構造についてどの程度精緻化し構造化しているのか，②またそれを具体的な問題解決にどの程度応用しているのか，さらに，③その認知構造全体が，今後の新しい学習，すなわち新しい知識による認知構造転換へ，どの程度開かれているのか，ということが本質的な問題である。この方面に対する今後のエビデンスの集積こそが望まれる。

関連図書　日本理科教育学会編（1993）『理科教育学講座10　理科の評価』東洋館出版社／森敏昭・秋田喜代美編（2000）『教育評価重要用語300の基礎知識』明治図書

理科
9 課題と展望

皆川　順

1　課題

　理科は，ひとことでいえば，自然科学の体系を系統的に目標に向かって段階的に教える教科である。そのため，ある段階での理科の知識は，それ以後の段階においては部分的だったり，誤った仮の知識であることは，むしろ通常のことなのである。

　このとき，過去に学んだ知識や日常的な生活から得てきた知識にとらわれて，児童生徒が新しい考え方を受け入れないことが多い。実験や観察を行っても容易に変わらないことは，教育心理学者や理科教育関係者，学校の理科教師などによって繰り返し指摘されてきた。

　児童生徒にいかにして新しい考え方を理解してもらうかが問題である。このため，あることを「理解している」というのがどのような状態を示すのかを，心理学的な観点から考察することが求められる。

　実験や観察で，児童生徒の何がどのように変わるのか，またそれが個々人の既有の認知構造や認知スタイル，知的能力の質，先行知識とどのように関連するかについての研究は，すでに行われている。

　例えば，認知構造の変換に関する問題は以前から議論されている。具体的な教授学習場面において，どこをどのように変えるべきかについては，カリキュラムや理科教育の個々の領域における指導目標と深くかかわる問題である。しかし，この問題は必ずしも一般化されておらず，それらを総合的に考慮した対策が求められる。

　さらにこれまでの理科教育研究では，認知構造変換に個人差が影響する注1という問題についてあまり検討されてこなかった。すなわち，現状は，児童生徒のもつさまざまな特性のうちのどれが認知構造の変換を頑健にしているかに関する教育心理学的な研究が十分ではない。さらにまた，ひとことで「既有の知識がなかなか変わりにくい」といっても，その原因は認知構造の頑健さのせいとは限らない。学校現場での観察からはむしろ，特定の教員に対する情緒的なつながりの強さや，

教員に対する好悪感情も非常に強く影響していると思われる。

このように未解決の問題は多く，よりいっそう研究を進める必要がある。

2　展望

理科は，個人的な好みや好悪感情を超えた一般的な真理を求める教科であるが，実際の教育場面では，情緒的な側面が事実判断に影響を与えることは否定しがたい。

これまでの教育心理学や理科教育学の立場からの研究では，「児童生徒のもつ情緒的な側面が事実判断に影響を与える」という実証的研究の実施を，研究者は避けてきたきらいがある。学校現場における教師や児童生徒の人間関係，プライバシーの問題がからむため，研究の実施が避けられてきた。

しかしながら，そのような情緒的な，言いかえれば心理的な要因は，他の児童生徒や教師に対する感情的な問題を通じて，理科学習に対する動機づけに影響を及ぼし，さらに動機づけの高低によって学習意欲や態度も変化させる。結果的に，理科に関する意欲のみならず，理科の知識や実験観察の技能などがどの程度獲得されたのか，その質・量をも規定する要因の1つである。そこで，今後は，倫理的問題に配慮しつつ，慎重に工夫して，研究を進める必要がある。

さらに小集団を利用した実験や観察においては，どのように集団を組織するのがよいかという問題がある。集団としてよく機能しつつ，そのなかで個人一人一人の利益を生むには，どのような実験観察で，どのようにすればよいのか。この探究には教育心理学や社会心理学などの知見が不可欠であろう。

このように理科教育に関しては，心理学からの知見もきわめて重要であり，今後ますます重要性を増してくるであろうと思われる。

注　引用・参考文献　1 L.H.Tウエスト，A.Lパインズ，進藤公夫監訳（1994）『認知構造と概念転換』東洋館出版社

関連図書　森一夫（2003）『21世紀の理科教育』学文社／皆川順（2003）『概念地図法による知識獲得支援の研究』風間書房

音楽 1 目的と教育課程

西園芳信

1 目的

　学習指導要領によると音楽科の目標は，最終的には「豊かな情操を養う」こととなり，この目標を達成することで「教育基本法」注1に示される教育の目的，すなわち「人格の完成」の一側面を担うこととなる。中学校学習指導要領注2の音楽科の目標は，①「表現及び鑑賞の幅広い活動」を通して，②「音楽を愛好する心情」（興味・関心を基盤とする音楽への愛好心）を育てるとともに，③「音楽に対する感性を豊かにし」（音や音楽のよさ・美しさなどの質的世界を価値として感じ取る能力），④「音楽活動の基礎的な能力を伸ばし」（音楽を形づくっている要素や要素同士の関連を知覚し，それらの働きが生み出す特質や雰囲気を感受する能力），⑤「音楽文化についての理解を深め」（個々の音楽について，その背景となる風土や文化・歴史などを理解すること），⑥「豊かな情操を養う」（児童生徒が感性を働かせ素材を調和的につくることによって生み出される美しさに対して価値感情をもつこと）こととなる。（⑤の「音楽文化についての理解」は，小学校の目標にはない。）

　一方，「学校教育法」注3の改正によって，学校教育で育成する学力の内容が規定された。それは，①基礎的・基本的な知識，②思考力・判断力・表現力，③学習意欲である。このことから，音楽科においてもさきの目標としての学力を育成するとともに，教科の特性に即してこれらの学力を育成することとなる。音楽科の特性に即した学力育成は，次のようになる。①音楽科の基礎的な能力は，新学習指導要領において［共通事項］として示されている「知覚と感受」力（「音楽を形づくっている要素や要素同士の関連を知覚し，それらの働きが生み出す特質や雰囲気を感受すること」）を育成する。そして，②この基礎的能力を活用することによって思考力・判断力・表現力を育成する。③それらの学習活動の過程で学ぶ意欲を育成するようにする。

2 教育課程

ここでは教育課程について，音楽科における指導内容構成の範囲とその発展性から示す。音楽の表現の原理から音楽科の指導内容を導出すると，音楽の形式的側面（音楽の諸要素とその組織），音楽の内容的側面（曲想・雰囲気・特質など），音楽の文化的側面（風土，文化・歴史），音楽の技能的側面（声・楽器・合唱・合奏の表現技能，読譜などの知識，批評の技能）注4となる。

これまでの学習指導要領音楽科の指導内容は，表現や鑑賞の活動に重点が置かれていて，音楽科で指導する内容が不明確であった。新学習指導要領においては，小・中学校とも音楽の形式的側面と音楽の内容的側面が[共通事項]として設定されたことから，表現や鑑賞の活動によって指導する内容が明確となり，したがって，音楽科で育成する学力も根拠が明確となった。

そこで，音楽科の指導内容の範囲を小・中学校学習指導要領にみると，次のような構成となる。A表現の指導事項（歌唱，器楽，創作・音楽づくり），B鑑賞の指導事項，それに［共通事項］（音楽の要素，要素同士の関連の知覚，それらの働きが生み出す特質や雰囲気の感受，用語や記号の理解）となる。[共通事項]は，歌唱，器楽，創作・音楽づくり，鑑賞の各活動の支えとなるものであり，表現および鑑賞の各活動と[共通事項]とを関連させて指導することとなる。

小・中学校の指導内容の範囲は，小・中学校共通に以上の指導事項によって示された。そして，それらの指導事項にみる指導内容の発展性は，音楽の形式的側面は大きな要素から細かい要素へ，音楽の技能的側面は易から難へと構成されている。したがって，このような音楽科の教育課程の構成から，9年間の義務教育で育成する学力も明示的となった。

注 引用・参考文献 1（2007）教育基本法／2 文部科学省（2008）『中学校学習指導要領』／3（2007）学校教育法／4 西園芳信（2005）『小学校音楽科カリキュラム構成に関する教育実践学的研究－「芸術の知」の能力の育成を目的として－』風間書房

関連図書 小島律子監（2009）『小学校音楽科の学習指導』廣済堂あかつき／西園芳信監（2009）『中学校音楽科の授業と学力育成』廣済堂あかつき

音楽 2 内容と教育心理学
――歌唱表現――

小川容子

1 目的と内容

提示された楽器の音や人の声に自分の声の高さを合わせるピッチマッチング力は，歌唱能力の一側面とされており，これができない人は「調子はずれ」などと称されることが多い。しかし，そもそも個人の歌唱能力は多様な文化や社会文脈のなかでとらえるべきであり，「歌える／歌えない」という二極論のなかでカテゴライズすることではない。近年の研究成果からは，歌唱能力とは「学習によって可能性が実現する過程」であり，生まれ育つ文化圏で学ぶ歌の影響によって自らの歌が洗練されること，また正式な音楽訓練よりも適切な音楽経験が，歌唱能力の発達の鍵を握ることが報告されている注1。

全校で歌唱活動に取り組んでいる英国の小学校では，数か月の間に3半音も声域が広がったケースがみられるなど，すべての子どもたちの歌唱評点やピッチマッチング力が有意に高くなることが明らかにされた。熱心な教師と適切な教育環境が，歌唱能力を飛躍的に発達させたといえる注2。

2 エビデンス

(1)耳コピー力

教育現場では，CDや教師の範唱を聞かせて，それを子どもたちが真似て歌うという指導方法が一般化している。楽譜に記せない微妙なニュアンスや独特な節回しを伝授することができる，読譜指導に割く時間が短縮できるなどがその理由である。若者の学習方略に取り組んでいる研究によると注3，コピーイングを何度も繰り返すことにより，演奏技術や奏者の癖を模倣するだけでなく，楽曲の音階構造，和音進行，様式や成り立ち過程まで学ぶことができるという。

小学3年生と6年生を対象に既知曲を聞かせて歌唱コピー力を調査したところ，母音の発音，声質，間のとり方，ビブラートのかけ方，裏声での子音のゆらぎなど，それぞれの歌手の特徴をうまくつかんで

模倣していることが明らかになった[注4]。とりわけ，長く延ばす音符やフレーズの末尾部分は，発声が真似しやすい箇所として受けとめられており，これらの部分と全体評価との間に高い相関が認められた。

(2)読譜力

児童生徒を対象としたこれまでの音楽テストでは，「演奏された旋律と五線譜との一致」や「演奏された音名の書き取り」などの項目で読譜力が測定されてきた[注5]。その結果，「五線譜との一致」では小学4年生で5割，小学6年生で6割程度の正答率にとどまっており，「音名の書き取り」では高学年男子児童の8割がほとんど答えられない状況にあった[注6]。これらのテストでは，読譜力の応用的な側面であるソルフェージュ力もあわせて測定されているため，音や音列と切り離した読譜力，いわゆる「音符や休符を読む力」のみを測定するようなテストも，状況に応じて課すことが必要である。

3　エビデンスに基づく学習支援と課題

歌唱指導において楽譜をどう扱うのか，どう教えるのかという課題は，声を「出す・合わせる・響かせる……」といった課題に比べて後回しにされてきた課題である。しかし，耳コピー力が優れているからといって読譜指導をしなくてよいということではない。読譜指導の最終目標は，楽譜に記された文字情報を意味情報に直接移行できるようにすることであり，音楽として再構築することである。そのための耳コピー力の活用や，音符を読むこと「だけ」に終わらない読譜指導のあり方が望まれる。

注　引用・参考文献　1 Rutkowski, J. (1990) The measurement and evaluation of children's singing voice development. *The Quarterly* 1 (1-2), pp.81-95.／2 Welch, G. (2009)「子どものヴォーカル・ピッチマッチ能力の発達に関する研究動向」『音楽教育学』39(1), pp.38-47.／3 Green, L. (2002) *How popular musicians learn* Ashgate publishing Limited／4 仙田真帆・小川容子（2009）「小学校児童を対象とした音楽適性テスト―歌唱編の開発を中心に―」『音楽教育学会第40回口頭発表』／5 例えば，音楽心理研究所編著，真篠将・浜野政雄・茂木茂八（1966）『小学校用音楽能力診断テスト』日本文化科学社／6 嶋田由美，杉江淑子，小川容子（2005）「学力論争と音楽教育」『音楽教育学』35(2), pp.41-55.

関連図書　村尾忠廣（1995）『「調子外れ」を治す』音楽之友社

音楽 3 内容と教育心理学
―器楽表現―

小川容子

1 目的と内容

器楽演奏の醍醐味は，作曲家が楽譜に書き表したことの再現と同時に，自身が作品を通して感じたことを織り交ぜて表現することである。つまり楽譜を通して作曲家と交流し，そのイマジネーションの世界のなかで何を感じたのか，それをどう聴衆に伝えるかが鍵となる[注1]。そのために指導者は，①どのような練習をすればよいのか，②どうすれば音楽的で魅力的な演奏ができるかを指導しなければならない。

2 エビデンス

(1) 練習方略の指導

「練習こそが上達への近道だ」として機械的な反復練習を勧める教師も多いが，なかには練習の仕方がわからない子どもたちもいる。こうしたケースでは，よく考えながら練習（deliberate practice）するように指導することが必要である。ピアニストの練習過程を分析した研究からは，楽曲を（ア）短い断片に分け，（イ）1つ1つの音よりも曲の構造に注意を向け，（ウ）むずかしい箇所が弾けるようになってからも何度も繰り返すことによって上達することが明らかにされている[注2]。

(2) 音楽的な演奏表現の指導

子どもたちの演奏をより音楽的なものへと洗練させるためには，教師の具体的な指示が重要であり，なかでも教師が模範演奏を示すモデリングは，きわめて有効な手段とされている。多くの研究結果からも，言葉による説明や指示，説明なしの反復練習よりも効果的であると報告されている[注3]。

小学校高学年児童の練習風景を分析した結果によると，どこをどのように演奏するのかという明確な指示と，教師のモデリングによって，子どもたちの練習に対する態度が積極的になること，あわせてその演奏が格段に上達することが明らかにされた。「テンポがちょっと……」

といった否定的なフィードバックは，それだけではほとんど効果をあげることはないが，該当箇所と，どうすればよいのかを的確に指示することで効果をあげることが可能となる注4。

3　エビデンスに基づく学習支援と課題

「練習方略」や「音楽的な演奏表現」の指導は，指導者の経験歴による差異が大きい。熟練教師は，楽器の奏法，音色，テンポ・リズムの正確さよりも，曲の様式や楽器間のバランス，フレージングなどの楽曲構造に焦点を当てて総合的に指導する傾向にある。例えば，個々の音を取り出して指導するよりもパッセージの音と音との関係性のなかでどう表現すべきかを指導することが多い注5。

さらに，教示→反応→フィードバックという一連のシークエンスにも違いがみられた。熟練教師の場合，子どもたちの言動に対する完全型シークエンスが9割以上を占めており，肯定的なフィードバックの割合が高い。一方，新人教師の場合はフィードバックが欠如する不完全型が多く，否定・肯定の割合は半々であった注6。

器楽指導の初歩の段階では，楽器の扱いや基本的な奏法指導に多くの時間が割かれるが，次のステップでは音楽的な演奏追究が主になる。教師→子どもだけでなく，仲間の演奏を聴きお互いに評価し高め合うための，子ども⇔子どもの関係性を探る研究も必要である。グループ間やグループ内での相互作用に関するエビデンスの集積が望まれる。

注　引用・参考文献　1 Mill, J. (2005) *Music in the School* Oxford University Press./2 Willamon, A.,& Valentine,E. (2000) Quantity and quality of musical practice as predictors of performance quality. *British Journal of Psychology* 91, pp.353-376./3 例えば，Dickey,M.R. (1991) A comparison of verbal instruction and nonverbal teacher-student modeling in instrumental ensembles. *Journal of Research in Music Education* 39, pp.132-142./4 例えば，Taylor, D. (2006) Refining learned repertoire for percussion instruments in an elementary setting *Journal of Research in Music Education* 54(3), pp.231-243./5 例えば，Goolsby,T.W. (1999) A comparison of expert and novice music teachers' preparing identical band compositions: An operational replication. *Jour-nal of Research in Music Education* 47, pp.174-187./6 音楽授業向上委員会 (2009)「めざせ！　授業の達人 器楽・創作編①〜③」『教育音楽小学校版』音楽之友社

関連図書　Ericsson,K.A. (1996) *THE ROAD TO EXCELLENCE* Psychology Press,

音楽 4 内容と教育心理学
―創作表現―

井戸和秀

1 目的と内容

　小学校の創作表現は,「音づくり」注1の活動を通して指導するようになっている。低学年では声や身の回りの音に気づいて音遊びをし,中学年においては,種々の音の響きやその組み合わせにより,即興的な表現や思い・意図をもって音楽をつくるように企図されている。そして,高学年においては,即興的な表現や見通しをもって音楽をつくることとなっている。指導計画の作成と内容の取り扱いをみても,リズムや旋律の模倣,身近なものから多様な音を探すこと,つくった音楽の記譜,拍節的でないリズム,音階や調性にとらわれない音階などを児童の実態に応じて取り上げることとなっている。

　以上の活動内容から,創造的音楽学習が基本になっていることがわかる。このことは,教師主導による五線譜を用いた作曲から,子どもの日常生活を核とした子ども主体の創作表現へと転換されたこととして注目される。しかし,ともすれば子どもの知識・イメージ不足と技術の未熟さ,さらに何のために創造的音楽学習が必要かについての教師と子ども自身の認識不足から,子どもにとって苦痛となる「はいまわる創造的音楽学習」注2に陥りやすいことも,教師は留意しておく必要がある。

　中学校の創作表現は,「創作の活動」注1を通して指導するようになっている。第1学年では,言葉や音階などの特徴を感じ取り,表現を工夫した簡単な旋律の創作,イメージに基づいて反復,変化,対照などを工夫した創作,第2学年および第3学年では,言葉や音階などの特徴を生かした旋律の創作,表現したいイメージと音素材の特徴を生かした反復,変化,対照などを工夫した創作となっている。

　指導計画の作成と内容の取り扱いにおいては,即興的に音を出しながら音のつながり方を試すなど,音を音楽へと構成していく体験を重視すること,その際,理論に偏らないようにするとともに,必要に応

じて作品を記録する方法を工夫させることとなっている。

　以上の活動内容から，小学校の「音づくり」をさらに発展させた，創造的音楽学習が基本になっている。たしかに，創造的音楽学習は，記号の暗記や既存の作品演奏が中心であったわが国の音楽教育に反省を促すものである。しかし，何のための創造的音楽学習かが教師と子どもに基本的に理解されないかぎり，やはり「はいまわる創造的音楽学習」に終始し，実験的現代音楽的様相を呈する音楽内容になってしまうのではないだろうか。

2　エビデンス

　ところで，創造的音楽学習は，すでに乳幼児期から自然に始まっている。その証拠として，3歳8か月のT男が芋ほり遠足の楽しかった思いを即興で歌ったものを五線譜にしたものを次に示す。

図　譜例 注3

　T男による音楽的創造はすばらしい。経験と感動とが誘引となって，音楽的創造（創作表現）につながったのである。このことは，そのまま小・中学校の創作表現へと引き継がれるものであろう。

3　エビデンスに基づく学習支援と課題

　幼児期における音楽的創造性を小学校・中学校へと発展させていく役割を教師は担っている。また同時に，五線譜化への歩みも進める必要がある。というのは，五線譜を読めないことによる芸術的損失は多大だからである。

注　引用・参考文献　1 文部科学省（2008）『小学校／中学校学習指導要領』／2 大熊藤代子・内田有一・薬袋貴（2002）『危機に立つ音楽科教育』遊タイム出版 pp.49-83.／3 井戸和秀編著（1996）『幼児の音楽的表現とその環境』大学教育出版, p.96.

音楽 5 内容と教育心理学
―鑑賞―

藪中征代

1 目的と内容

鑑賞では，児童が思いや意図をもって進んで音楽を聴こうとしたり，音楽を全体にわたって味わって聴いたりする鑑賞活動の充実を図ることが求められている。そのため，学年目標には，さまざまな音楽と出会い，感動する体験などを通して，基礎的な鑑賞の能力を育み，音楽を味わって聴くこと注1が明記されている。

上記の目標を達成するために，内容として①「楽曲全体にわたる曲想を味わって聴く」，②「音楽を特徴付けている要素と音楽の仕組みのかかわり合いを感じ取り，それらの働きが生み出す楽曲の構造を理解して聴く」，③「楽曲を聴いて想像したことや感じ取ったことを言葉で表すなどして，楽曲の特徴や演奏のよさを理解する」能力の育成について示している。

2 エビデンス

(1) 楽曲のイメージを言葉で表現する

「鑑賞」では，全学年を通して，聴き取ったことや感じ取ったことを「言葉で表す」ことが重要である。楽曲のイメージを「気持ちよい－気持ち悪い」などの感情の高揚・抑鬱を表現する言葉，「激しい－穏やか」などのテンポやデュナーミクを表現する言葉，「どっしりとした－こせこせした」などの音質・音量を表現する言葉を用いてSD法で調査した注2。その結果，楽曲の好みが感情を高揚させる要因と関係のあることが示唆された。

(2) 主体的な鑑賞のスタイル

脳科学の分野の研究注3によると，音楽の感覚的な聴き方よりも分析的な聴き方のほうが，聴覚関連皮質の反応が活性化されることが示唆された。この結果を利用した実践注4を，中学2年生を対象に行った結果，生徒が演奏者の立場になってさまざまな音楽構成要素を手がかりにしながら主体的に聴き，自分なりの聴き方をもつことの楽しさ

を体感することが確認された。

(3) 実際の演奏による鑑賞指導

　鑑賞方法について調査した結果^{注5}，録音媒体で楽曲提示を行うよりも，実際の演奏で行うほうが児童の興味・関心を促進させることがわかった。また実際の演奏では，演奏者を通して音楽そのものを身近に感じ，耳だけではなく身体全体で音楽を感じていること，また実際の演奏による授業を，録音媒体を使った授業で生かすには，提示順序の違いにより配慮の視点が違うことが示唆された。

3　エビデンスに基づく学習支援と課題

　音・音楽を聴くことがあらゆる音楽活動の出発点である。聴く力を高めていくためには，音楽科と他教科などとのかかわりを深め，学習の総合化の視点から活動[注6]を推進していくべきであろう。

　また，子どもの感じたことを言葉で表現していく場合は，言語力の向上を目的とするのではないことを念頭におきたい。鑑賞指導にSD法などを利用した言語活動を取り入れ，楽曲の楽しさ，よさに気づき，音楽の楽しさを味わえるような授業を構想することが大切である。

　以上のことから，受動的になりがちだった従来の鑑賞の活動に言語活動を取り入れることにより，能動的で創造的な鑑賞態度を育てていくためのエビデンスの集積が喫緊に求められる。

注　引用・参考文献　1 文部科学省（2008）『小学校学習指導要領解説［音楽編］』／2 藪中征代（2001）「音楽作品のイメージの分析」『児童学研究－聖徳大学児童学研究紀要』3，pp.107-112.／3 村瀬喜代美・小長谷明彦（2000）「音楽理解における音楽知の役割に関する一考察」『情報処理学会研究報告』94，pp.85-91.／4 新山王政和・中野直幸（2007）「イメージングを手掛かりに生徒の主体的聴取をめざした『能動型鑑賞授業』の模索」『愛知教育大学研究報告』56，pp.1-11.／5 村澤由利子・吉見隆史（2005）「初等教育音楽科授業において実際の演奏による鑑賞指導を効果的に行う授業の在り方についての実践的研究」『鳴門教育大学学校教育実践センター紀要』19，pp.141-150.／6 鈴木秀樹・鈴木珠奈（2007）「初等教育におけるサウンド・エデュケーションの実践」『聴覚研究会資料』37，pp.761-764.

関連図書　キース・スワンウィック，野波健彦他訳（1992）『音楽と心と教育』音楽之友社／J.L.マーセル，供田武嘉津訳（1965）『音楽教育心理学』音楽之友社

音楽 6 評価と教育心理学

藪中征代

1 評価の目的

　音楽学習の評価は，授業で「音楽の何を」学んだかという学ぶ意味を感得し，教師がその成果を判断し，指導に生かすためにある。そこでは認知的方略の評価が重要となってくる。学習の意味を自覚する1つの方法は，学習者が学習による変容を学習履歴を通して自覚できることである。そのためには，学習者と教師双方に求められている学習内容を明確にすることであり，これは教育目標の達成のためにきわめて重要である。

　評価の内容は，①学習者の既有の知識や考えを明確にする，②学習の変容や学習・指導履歴を可視的に確認する，③自己評価などを学習と指導に生かすなどが考えられる。これまで評価の内容は，学習者と教師それぞれの役割として明確にされていなかったために，何を学習するかという学習の意味を感得することにつながらなかった。

2 評価の方法

(1) 学習者の自己評価と相互評価

　自己評価カードと相互評価カードを用いて，中・高校生の学習内容の定着と学習意欲の向上を検討した研究がある注1。自己評価カードの利用により，学習者は教師の意図した学習目標や学習内容が定着し，学習意欲が高まることが示された。また，グループ間での相互評価では，他者の価値観との交流や他グループの音楽表現により新たな表現の工夫が可能となり，学習意欲の向上につながることが示唆された。

　また，アンサンブルの授業にグループの自己評価とグループ同士の相互評価を取り入れた研究注2によると，自己評価表への記入は，グループ活動の目標や内容を把握させ，活動を活性化することが示唆された。

(2) 音楽能力調査

　児童の音楽能力の伸長を考慮した客観的評価の実施を試みた研究

注3では，小学4年生までにリズム・メロディー・ハーモニーを総合的に感受し，即反応できるようにすること，すなわち，児童の音楽能力の伸長を考慮した指導・評価の重要性が指摘された。

(3)観点別評価

観点別評価の観点の趣旨に対する認識について，小学校音楽担当教師63名を対象に検討した研究注4では，「内容」と「活動」との境界線があいまいであり，目標の達成を確認するための価値基準が明確でないことが指摘された。

3　課題

音楽科では，「音楽への関心・意欲・態度」の態度的学力に目が向きがちで，「下手でもいいから，音楽好きの児童を」と考えてしまう教師が多い。しかし，音楽活動を楽しむためには，音楽の基礎的能力が培われていることが必要であり，学校教育のなかで基礎的能力について詳細に検討する必要がある。また，音楽の授業に内在する特徴的な評価の様態を明らかにするための1つの方法として，実践者と研究者が共同研究してカンファレンスを行い，介入行動をとるアクション・リサーチ注5の方法を用いた授業の検討を試みる必要があろう。

さらに，学習指導要領に示されている「言語活動の充実」につながる視点からの研究と，その一般化の可能性を高めていく研究が望まれる。

注　引用・参考文献　1 三村真弓・吉富功修・増井知世子・原寛暁（2008）「学習者の自己評価と相互評価による学力向上を目指した音楽科授業計画(2)」『広島大学学部・附属学校共同研究紀要』36, pp.239-247.／2 三村真弓・増井知世子・原寛暁・徳永崇（2009）「学習者の自己評価・相互評価による学力向上を目指した音楽科授業計画(3)」『広島大学学部・附属学校共同研究紀要』37, pp.407-412.／3 太田正清（2008）「学生の音楽能力に関する調査研究(1)」『中国学園紀要』7, pp.139-146.／4 宮下俊也（2004）「小学校音楽科観点別評価における問題点」『奈良教育大学紀要』53, pp.199-208.／5 重森栄理（2008）「鑑賞の授業における集団での学びの意義に関するアクション・リサーチ」『音楽教育実践ジャーナル』6(1), pp.84-96.

関連図書　福井昭史（2004）『音楽科授業の指導と評価』音楽之友社／D.J.ハーグリーヴズ，E.C.ノース編，磯部二郎他訳（2004）『音楽の社会心理学　人はなぜ音楽を聴くのか』東海大学出版会

音楽 7 課題と展望

井戸和秀

1 課題

　音楽の存在理由は，他の媒体，例えば視覚芸術，身体運動，文学などでは代替できない内容を有していることによる。音楽科の心理は，まさにここに帰着する。一方，この音楽科の心理に関する教師と子どもの感性は，往々にして相違する。この相違をできるだけ最小限にすることが音楽科の課題となる。つまり指導する側の心理と学ぶ側の心理とにおける相違の克服である。

　ところで，音楽の指導内容・方法は，大きく分けると次の3つになると思う。それらは，教師から子どもへの伝達による楽曲の解説方式の学習，子どもの思いや生活を核とした Creative Music Learning 創造的音楽学習[注1]，横断的・総合的な学習や探求を意図した総合的な学習の時間[注2]などである。実際の授業では，これらの3つが併用されると思われるが，それぞれ一長一短がある。

　伝達による楽曲の解説方式の学習は，多くの場合，指導書にのっとった伝達方式になるため，教師にとっていちばんやりやすい。反面，いまに生きる子どもの生活や心理を置き去りにしやすい。特に音楽鑑賞に関しては，解説後に鑑賞させ，ワークシートに感動したことやその理由・曲の特徴などを言葉で書かせることは，感動した余韻を静かに楽しみたい際には，感動を減じさせることもある。

　創造的音楽学習は子どもにイメージ・表現を託し，これは長所であるが，イメージ・技術が子どもに蓄積されていないかぎり，いわゆる「はいまわる創造的音楽学習」[注3]に陥る。また，その場かぎりの音の羅列に終始してしまい，単なる実験的現代音楽になりやすい。

　総合的な学習の時間では，その課題として，国際理解，情報，環境，福祉・健康など，児童の興味・関心に基づく課題，地域や学校の特色に応じた課題，地域の人々の暮らし，伝統文化などについて学習するようになっている。これらは，たしかに音楽を総合的にとらえるには

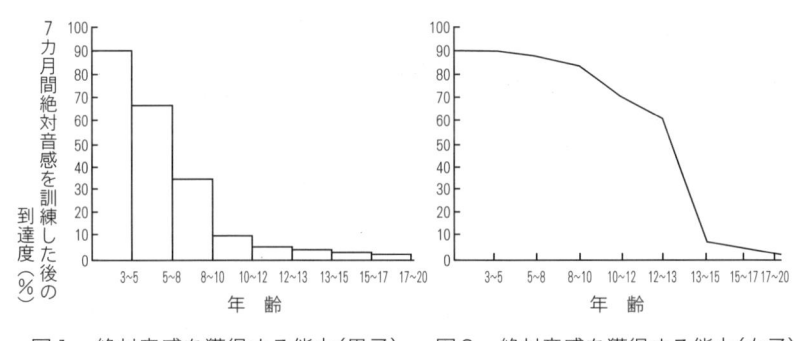

図1　絶対音感を獲得する能力（男子）　　図2　絶対音感を獲得する能力（女子）

好都合であるが，音楽の内容の分散化につながり，音楽能力の育成に歯どめをかける恐れが多分にある。それを防ぐためには，育成すべき音楽能力を企図しながら，その育成を助ける他の要素（情報，環境等）を効果的に利用することが，なによりも大切である。また，音楽能力の育成は，音感性の発達と密接に関連している。上に，子どもの音感性の発達を示す注4。

絶対音感の定着率は，同時に音感性の鋭敏さを示す。つまり，乳幼児期から9歳・10歳ごろまでが，音楽学習を活発化させ音楽能力を育成するために，きわめて重要な期間であることを示している。

2　展望

音楽科の内容は，多岐にわたっている。それらをすべて均等に指導することは不可能である。大切なことは，図1・2にみられる音感性の発達に基づき，個々の子どもの興味・関心のある教材や指導方法を採用することである。そして，音楽のなかで得意な分野を個々で伸ばさせることである。そのために教師が存在する。子どもの音楽的自律性をどのようにして伸ばすかは，教師の音楽に関する指導観と子ども観（自律的な学び）に依存している。

注　引用・参考文献　1 ジョン・ペインター他，山本文茂他共訳（1982）『音楽の語るもの』音楽之友社／2 文部科学省（2008）『小学校／中学校学習指導要領』／3 大熊藤代子，内田有一，薬袋貴（2002）『危機に立つ音楽科教育』遊タイム出版，pp.49-83.／4 オードリー・S・ウィズビー他，阿部哲三他訳（1984）『図説・子どもの発達と障害』7，同朋社，p.53.

トピック

特別支援教育

東原文子

1 「特殊教育」から「特別支援教育」へ

「今後の特別支援教育の在り方について(最終報告)」(文部科学省, 2003)では,「従来の特殊教育の対象の障害だけでなく,LD,ADHD,高機能自閉症を含めて障害のある児童生徒の自立や社会参加に向けて,その一人一人の教育ニーズを把握して,そのもてる力を高め,生活や学習上の困難を改善又克服するために,適切な教育や指導を通じて必要な支援を行うもの」と定義される。2007年4月から「特別支援教育」が学校教育法に位置づけられ,支援対象児が在籍するすべての学校で実施されることとなった。

2 教育心理学からみた「特別支援教育」

教育心理学から「特別支援教育」を考えると思い起こされるのが,スノウらの「適性処遇交互作用」である。教科学習に困難を示す通常学級児童を例にあげて考えると,①課題におけるつまずきを調べ,②WISC-IIIなどの心理検査結果や背景情報から推察される認知特性との関連を考察し,③本児のなかで強い認知能力や得意とする学習様式を用いてつまずきを乗り越える「長所活用型指導」を行うことが有効である。

3 初期の加算につまずくLD児の事例

「聴覚刺激の処理」は弱いが「視覚刺激の処理」は強い,という小学校2年生の男児が,9までの加算でつまずいていた。典型発達なら,例えば「3+2」では,「イチ,ニ,サン,シ,ゴ」と「すべてを数える」段階から,「サン(小休止)……ヨン,ゴ」と言う「数え足し」の段階に進むであろう。しかし,数系列を操作することがスムーズにいかないために,なかなか「数え足し」の段階に進まないまま1年が過ぎ,算数嫌いになっていた。そこで,本児に20までの数直線を書いた厚紙を常に持たせ,目盛をたどり,視覚的な支えのもとに「数え足し」を行わせる方法で指導したところ,自信がつき,積極的に学習するうち暗算でできるようになった。このように,対象児の認知特性に配慮した指導法を用いることで,スキルや意欲を向上させることができる。「学習性無力感」などの二次障害を予防するためにも,科学的なアセスメントに基づく指導が重要である。

関連図書 上野一彦・花熊曉編(2006)『軽度発達障害の教育−LD・ADHD・高機能PDD等への特別支援−』日本文化科学社

トピック

総合的な学習の時間　　　　新井啓子

1　目標に加わった新たな文言

　新学習指導要領で明示された目標は，現行の総則の趣旨やねらいとして示されていた内容とほぼ変わらないが，新たに加わった文言が2つある。

2　「探求的な学習」

　新たな文言の1つである。「探求的な学習」とは，問題解決的な活動が発展的に繰り返されていく一連の学習活動とされる。

　これまで，問題解決の過程を重視する学習指導法として，デューイらが1910年代から提唱した「プロジェクト法」や「問題法」があった。また，学習内容とあわせて発見の方法も学習できるとするブルーナーの「発見学習」もあった。その際，教科の基本的教材を再構成したり，集団討議を入れたりして，効率的な学習にする工夫もなされてきた。一方，時代の変化に対応するため，ハーローの「学習のしかたの学習」に見られる，自分から進んで学ぶ態度と学び取る方法の習得の大切さも重視されてきた。

　「探求的な学習」は，取り組む内容が唯一絶対の答えがない国際理解や情報などのグローバルな生活実践課題，自己実現にかかわる個人的な生活実践課題，よりよい郷土の創造にかかわるローカルな生活実践課題などであるため，そのときそのときの答えを，何度も問い返しながら日々の行動や実践を通して考え続けることが求められるとするのである。

　したがって，教師は学習者が世界的な課題を認識したり，自己を見つめたり，地域とかかわったりして，探求するための内発的動機づけを図るような支援方法や教材準備のセンスを磨かなければならない。

3　「協同的に」取り組む

　もう1つの新たな文言である。中央教育審議会答申（2008年1月）が求める「積極的な『開かれた個』であること」を受けてつけ加えられた。協同する対象は，友達や学校の人には限らない。学習者が，他者との交流や連帯を通じて自己の生き方や将来の姿を重ね合わせ，他者のよさを発見するとともに，自分のよさを自覚することを期待するものである。これは，心理学的にいう「適応」だが，順応を超える段階にまで学習者を啓発できるモデルを学校に招くことが大きな課題である。

関連図書　福沢周亮編（1982）『現代教育心理学』教育出版／安彦忠彦監（2008）『小学校学習指導要領の解説と展開[総合的な学習編]』教育出版

図画工作/美術 1 　目的と教育課程

仲瀬律久

1　目的

　教科としての「美術」「図画工作」すなわち美術教育の目的は，表現および鑑賞の活動を通して「美術の教育」や「美術による教育」をバランスよく行うことにある。「美術の教育」とは美術そのものの教育であり，「美術による教育」注1とは，美術を通しての人間形成の教育注2のことである。

　歴史を振り返ってみると，明治期には画家の描いた絵を手本にして臨画（模写）することで児童生徒に早くから大人の技術を獲得させようとする「美術の教育」が重視され，結果としての作品の優劣に評価の重点が置かれていた。

　大人中心の教育理念が移り変わるにつれて，大人の目ではなく児童生徒が対象を自らの目でとらえ，感じ取って，自分の考えで表現することが奨励されるようになる。そのきっかけは，西欧では「子どもたち自身によって成長させ発展させ，成熟させよ」注3とするチゼックの実践や，わが国における，大正期の山本鼎の自由画教育運動である。

　「人間の有つて居るあらゆる性能に，恵雨を灌漑するのが美術教育だ。なぜならば，子供が一枚の写生画を作るに当たって，彼の知恵も知識も経験も，印象も感覚も認識も，斉しく働かざるを得ないではないか―で其渾一な表現がすなわち創造なんだ。……」「自由画教育は愛を以て創造を処理する教育だ。従来のような押し込む教育でなくて引き出す教育だ」注4とする山本は，わが国における「美術による教育」の先覚者として，その理念は第二次世界大戦以後の美術教育界に受け継がれ現在にいたっている。

　アイスナーは，美術教育のもつ2つの側面を社会派（contextualist）と本質派（essentialist）という型に大別している注5。前者は，美術教育が果たす社会的役割や個人の人格形成に果たす意義を強調するものであり，後者は，美術に特有の意義や価値を強調するものである。

宮脇理は「『美術による教育』と『美術の教育』の区別もほぼ同じ趣旨に基づくものである」としている注6。

2　教育課程

現在「美術の教育」については，小学校の学習指導要領の目標で，「造形的な創造活動の基礎的な能力を培う」こと，中学校では「美術の基礎的な能力を伸ばす」ことのなかにその側面が示されている。

また，「美術による教育」については，小学校では「感性を働かせながら，つくりだす喜びを味わうようにする」ことや「豊かな情操を養う」こと，中学校では「美術の創造活動の喜びを味わい美術を愛好する心情を育てるとともに，感性を豊かにし」「豊かな情操を養う」という形で示され，「美術の教育」と「美術による教育」のバランスが考えられている。それは，「表現や鑑賞の活動を通して，自ら作り出す喜びを味わうようにするとともに，感性や想像力，手や体全体の感覚などを働かせながら造形的な創造活動の基礎的な能力を高め，生活や社会と主体的にかかわる態度を育て，豊かな情操を養う」注7，8 とする姿勢のなかにもよく表れている。

作品の発想や構想から，形や色などを通しての制作活動を経て完成にいたるまで，すべて一個人がかかわり，想像力・創造力を働かせながら問題解決を果たすことや，その活動の過程で，過去に獲得されたさまざまな受身の知識や経験が活用されて，能動的な知識，経験に置きかえられることなどの意義は計り知れないものがある。

注　引用・参考文献　1 ハーバート・リード，宮脇理他訳（2001）『芸術による教育』フィルムアート社／2 V.ローウェンフェルド，竹内清他訳（1995）『美術による人間形成』黎明書房／3 W.ヴィオラ，久保貞次郎・深田尚彦訳（1976）『チィゼックの美術教育』黎明書房，p.18.／4 山本鼎（1982）『（復刻版）自由画教育』黎明書房，pp.11-15.／5 E.W.アイスナー，仲瀬律久他訳（1986）『美術教育と子どもの知的発達』黎明書房，pp.13-30.／6 宮脇理監（2000）『小学校図画工作科指導の研究』建帛社，p.2.／7 文部科学省（2008）『小学校学習指導要領解説［図画工作編］』／8 文部科学省（2008）『中学校学習指導要領解説［美術編］』

関連図書　大坪圭輔・三澤一実編（2009）『美術教育の動向』武蔵野美術大学出版局／真鍋一男・宮脇理監（1991）『造形教育事典』建帛社／宮脇理監（2000）『美術科教育の基礎知識』建帛社／天野正輝編（1999）『教育課程　重要用語300の基礎知識』明治図書

図画工作 美術 2　内容と教育心理学
—表現—

仲瀬律久

1　目的と内容

　図画工作科・美術科の内容は，表現および鑑賞の領域に大別される。そのなかで，表現は，心象表現としての絵画（絵）・彫刻（立体）と機能表現・適応表現としての工作・工芸・デザインとに大別できる。

(1)心象表現

　心象表現は，おもに児童生徒の心の内面表現として定義づけられる。物象の外面を借りての表現であっても，絵や彫刻（立体）に表す活動を行うにあたっては，その発想や構想，そして材料・道具とかかわりながら制作する過程のなかで，児童生徒が心のなかで感じたことが多様に表現される。そこには彼らの感性や知性が融合的に働いている。結果として，作品は児童生徒の経験や知識，印象や感動が能動的に生かされたものとして表される。

　児童生徒は制作しながら無意識のうちに対象や制作中の作品と対話し，自分の心に問いかけながら問題解決を自ら積極的に行っている。これらのすべてが，児童生徒の知力・感性の発達，心身の成長に寄与しており，個々の人間形成に大きな役割を果たしている。

(2)機能表現・適応表現

　機能表現・適応表現は，「図画工作」「美術」の工作・工芸やデザインの分野に相当するものである。これは，主として一定の目的や条件下での自己表現と定義づけられる。

2　エビデンス

　心象表現について，南聡は「教育を考える上で，まず原点となるのは，ひとりの人間に何を提示し，どのような心を育てるかという問題である。生徒たちが自らの心を見つめ（内省），人生に理想を見出すこと，そして，自分を通して人や社会とのつながりを実感することが全ての教育の中心に必要な概念であり，一人の人間が成長，自立するための基盤ではないだろうか」と述べている注1。それに対して，機

能表現・適応表現では，対象の内面ではなく，おもに，外面に固有の形や色などが忠実に再現されて描かれる注2。その例としては，動植物・魚類などの図鑑に描かれている絵があげられる。

3　エビデンスに基づく学習支援と課題

(1)心象表現

一般的に観察表現と構想表現に大別される上記の指導は，描画においては素描，着彩，版画などの方法によって作品化される。立体表現（彫刻など）においては，丸彫り，浮き彫り（半立体），線彫りなどの方法によって作品化されることが多い。

従来のアカデミックな表現方法に加えて，表現に関する概念の変化，コンピュータ社会の到来，映像・電気機器の長足の進歩（例：ブラックライトなど），新しい描画材料（例：蛍光塗料など）の開発などにより，児童生徒の興味，関心を刺激する新しい表現方法が紹介され，指導内容・方法ともに幅の広いものとなってきている。それらは，児童生徒の発達過程や心理に則して，具象的，抽象的表現（音を形にするなど）と結びつき，多様な材料や思いつくいろいろな表現方法を用いての作品化となっている。

(2)機能表現・適応表現

工作・工芸の学習は，①材料などによる発想，②つくるものの用途や場所などに基づく発想に大別できる。デザインの学習内容は環境，工業，商業，建築など多岐にわたっているが，小，中学校で取り扱うデザイン学習は，視覚伝達デザインに関する内容が主である。

それは，①時間の表示（時計，カレンダー，時間表など），②空間の表示（地図，案内図など），③絵画的・立体的表示（ポスター，イラスト，アニメ，マンガ，写真，広告塔など），④図表（棒グラフ，円グラフなど），⑤シンボルマーク，標識，文字，⑥展示（作品の展示など）を含むものとなっている。

注　引用・参考文献　　1　南聡（2009）「心を耕す感性の教育を目指して―心を掘る，そして社会へ―」『教育美術』NO.806，p.28.／2　各種の動物・植物などの図鑑

関連図書　　勝井三雄他監（2009）『現代デザイン事典』平凡社

図画工作・美術 3　内容と教育心理学
―鑑賞―

仲瀬律久

1　目的と内容

　鑑賞教育は，表現と関連づけて指導したり，鑑賞独自に指導したりしている。鑑賞は創造的な行為であるという定義づけもある[注1]。鑑賞能力は，①批評力，②審美力，③理解力などから成る。

　①批評力（発表・記述などの言語能力）の指導の具体化について，学習指導要領では，発達段階を踏まえて，小学校低学年では，「話す，聞く」が主体に，中・高学年では，「話す，話し合う」が主体に，中学校では，「説明し合う，批評し合う」が主体となっている。

　②審美力（美的体験・美意識・価値の創造）の指導では，小学校低学年では，「楽しく見る」，中・高学年では，「よさや面白さ，美しさを感じ取る，見方や感じ方を広げる，表し方の変化，表現の意図や特徴などをとらえる」，中学校では，「美意識を高め幅広く味わう，よさや美しさ，作者の心情や意図，美と機能性の調和，生活における美術の働きを感じ取り，自然や身近な環境のなかに見られる造形的な美しさなどを感じ取る」があげられている。

　③理解力（作者・歴史・伝統・文化・風俗・時代背景などの理解）の指導ではおもに，小学校では，「いろいろな表し方や材料による感じの違いなどがわかる，表し方の変化，表現の意図や特徴などを把握する」。中学校では，「美術文化に対する関心を高める，生活を美しく豊かにする美術の働きの理解，日本の美術や伝統と文化への理解，美術を通した国際理解，を深める」などがあげられている[注2]。

2　エビデンス

　鑑賞能力を培う指導には，①解説型・講義型，②対話型，③参加型・体験型などがある。①は指導者がイニシアティブをとって鑑賞者に知識・情報を一方的に伝達するタイプであり，従来，多くの学校，博物館・美術館などで行われてきたものである。

　②は指導者がファシリテータ（進行役）となって，指導者あるいは

鑑賞者相互の対話（トーク）を通して鑑賞を深めていく，あるいは創造していくもので，新しい価値や情報を創り出していくタイプである。これは，ニューヨーク近代美術館の学芸員であったアメリア・アレナス注3の考えや方法に基づく鑑賞法である。「対話形式の鑑賞は，サッカーのパスに似ている。観客や生徒はゴールに向かってたがいにボール（意見）を回し合う。ボールの行方は予想がつかない。観客や生徒一人一人の蹴り方（個性）とボールの転がり具合（トークの進行）によって，ピッチの中でのボールの動きは千変万化する」注4。

③の参加型・体験型は，学校や博物館・美術館などが独自に，あるいは連携してプログラムを組み，鑑賞者が主体的に自分の目で見，触り，試し，考え，楽しく体験しながら鑑賞するタイプである。ここでは，自ら製作することも，製作過程を鑑賞することも鑑賞活動であり，博物館・美術館などが利用され，活用され，作品の意味を創り出すことなど，子どもの興味・関心・意欲を呼び起こすための多様な工夫が行われている。

3 エビデンスに基づく学習支援と課題

解説型（講義型）では，指導者の一方的な企画運営だけでなく，学習者が主体になって興味関心を抱くような内容・方法の工夫が必要である注5。対話型では，客観的知識・体系的・系統的理解を図ることも努めて行う必要がある注6。参加型・体験型においては，学校と博物館・美術館との連携で，ワークシート，アートカードなどを使ってゲーム感覚で鑑賞を楽しむことも盛んに行われるようになっているが，批評・審美・理解の能力を発達的にいかに培うかを踏まえた学習支援でなければならない。

注 引用・参考文献 1 独立行政法人国立美術館（2007）『美術館を活用した鑑賞教育の充実のための指導者研修』pp.13-31.／2 独立行政法人国立美術館（2008）『美術館を活用した鑑賞教育の充実のための指導者研修』p.100.／3 アメリア・アレナス，木下哲夫訳（2001）『みる　かんがえる　はなす』淡交社／4 上野行一監（2001）『まなざしの共有―アメリア・アレナスの鑑賞教育に学ぶ』淡交社，p.22.／5 石川誠編（2006）『美術を身近なものにするために』鑑賞教育研究プロジェクト／6 財団法人教育美術振興会（2008）「特集・美術館の教育プログラム」『教育美術』No.797

関連図書 山木朝彦他編（2003）『美術鑑賞宣言』日本文教出版

4 評価と教育心理学

図画工作
美術

関口明子

1 評価の目的

　図画工作・美術科の学習評価は表現および鑑賞領域での，事前の評価，過程の評価，成果の評価（作品などの成果）という流れをとるのが一般的である。いうまでもなく，指導と評価は一体的なものであり，ともによい教育をめざすことを目的としている。

　図画工作・美術科の表現領域では，学習成果が作品という形で表れることが多いため，発想・構想の段階から製作過程の評価・完成した作品にいたるまで，評価基準を明らかにして指導者，学習者ともに納得のいく評価を心がけたい。児童生徒の作品をどのように見て，どのように言葉や文章で批評し，結果としてどのように児童生徒を理解，評価し，明日の教育につなげるかが問われるが，作品主義や評価のための評価にならないようにしたい。

　鑑賞領域においては，博物館，美術館などの利用・活用が勧められていることもあり，学校との連携による学習活動が盛んになりつつある。したがって評価の内容，方法にも多様な工夫が見られる注1。

2 評価の内容，方法

　事前のレディネス評価として，本教科に対する児童生徒の興味・関心・意欲の度合いが調査されている。これは，教育計画の作成に大きな影響を与えるものとなる。指導と評価の一体化を図るためにも，小・中学校の1年次当初においては，入学前の学習内容，経験の差違を把握しておくことが必要である。特に，中学校の鑑賞教育では，博物館・美術館との連携プログラム経験の有無が小学校によって差異があるので，事前に把握しておくことが必要となる。

　学習の過程評価では，地域，学校，児童生徒の実態に応じた多様な指導と評価の工夫（観察，写真，ビデオ，テープ，学習ノート，アートカード，ワークシートなどと，それらの収録）がされている注2。

　学習成果は一般的に指導目標に照らして到達の度合いが評価される

が，本教科の特質として表現目標もある[注3]。作品発表会，鑑賞会を通しての総合評価，分析評価，相互評価，自己評価などにおいては，表現目標の観点に立った評価も工夫されなければならない。評価者によって作品評価が異なる場合の多くが，作品を総合的に見るか，分析的に見るかによっている。斎藤清は，「それらの長所や短所を考慮したうえで適切に用いることが肝要である」としている[注4]。

鑑賞力の評価でも評価基準を明確にする必要がある。作品をどのように享受したかについての説明，解釈など，発達段階に応じた言語表現（発言，記述など）の明確さが評価の対象になる。

3　エビデンスに基づく学習支援と課題

学習者の資質や能力を把握し，理解し，評価する資料として，児童生徒が作成するポートフォリオ（フォルダーやスケッチブックなどに作品などを収録したもの）を活用する方法がある。そこには，スケッチあるいは写真で立体作品なども収録できる。スケッチブックなどによるポートフォリオの作成自体が美的体験になるということもある。

学習動機，学習過程，成果などを総合的にみることができるポートフォリオを前にした面談は，指導者と学習者のコミュニケーションを深め，質的・量的活動を共に理解するのに役立つ。それは「子どもに自己評価力をつけさせる有効な手段でもある」[注5]。また，面談での励ましや賞賛は，児童生徒を元気づけ，次の学習への意欲づけともなる。それらは，「一定の目的・意図をもって系統的に行われるもの」[注6]であれば，進級や中学校への進学時にも資料として役立つであろう。

「形成的評価」「総括的評価」や形式化した観点別評価などに対しての厳しい指摘[注7]を生かした評価研究が今後の課題となる。

注　引用・参考文献　1 財団法人教育美術振興会（2008）「特集・美術館の教育プログラム」『教育美術』No.797／2 宮脇理監（1991）『造形教育事典』建帛社，pp.100-102.／3 アイスナー，仲瀬律久他訳（1986）『美術教育と子どもの知的発達』黎明書房，pp.186-189.／4 前掲書（注2）p.100.／5 田中耕治他（1999）『総合学習とポートフォリオ評価法』日本標準，p.50.／6 前掲書（注5）p.57.／7 加藤幸次・安藤輝次（1999）『総合学習のためのポートフォリオ評価』黎明書房，p.17.

関連図書　森敏昭他編（2000）『教育評価　重要用語300の基礎知識』明治図書

図画工作・美術 5　課題と展望

仲瀬律久・関口明子

1　課題

　図画工作・美術科の教育課程の編成では，特に児童期・青年期に特有の発達課題にどのように応えるべきかという問題を常に考慮しなければならない。心理学事典[注1]には，「発達課題を首尾よく達成できると，自己承認や社会的承認によって報賞を受け，自信をもたらし，その個人の幸福に寄与し，後の諸課題の成功をもたらしやすい」とある。

　児童期は親離れの時期であり，学校生活，仲間への適応の成否などが問題になる。そして青年期は，自己探求の時代であり，「第二の誕生・新生」の時期でもあり，人生の深さと意味を求めて，宗教，文学，芸術の世界に没頭する精神生活時代であるという[注1]。中学・高校生に自由に自画像を描かせると，外面より内面を描く生徒が圧倒的に多いのも，彼らの自然の要求なのである（図参照）。

図　わが青春の自画像

　美術教育はこれらの発達課題にどのように応えるかが問われなければならない。発達の段階を考慮して言語活動を充実することが2008年の教育課程編成の一般方針でうたわれている。図画工作・美術科で扱う言語活動は形・色などによって表す非言語的言語，すなわち，造形言語による表現が主体である。身近なものでは，交通標識，各種のサイン，シンボルマーク，ロゴマーク（商標），イラストレーション（さし絵，図解），カットなどがあり，漫画，アニメーションのように絵を主体にしつつ文字や音声が伴う表現もある。いずれも視覚伝達デザインの分野であり，社会で重要な役割を果たしている。

学校教育では「読み」「書き」学習が最大課題となっている。そこには社会的にみて形，色などによる造形言語の重要性も大きい。造形言語は文字・音声言語よりも国際性が強い。文字同様に表現手段としてすべての子どもたちが学習すべき課題であり，教育課程のなかに正しく位置づけられなければならない。

　また，鑑賞教育分野でも，「読み」「書き」「話す」言語活動は重要である。この分野では，形，色などによって表現されたメッセージを自分にも他者にも理解できるような言語（文字や音声）に置換することが重要課題となっている。自他の価値観を分かち合い話すこと，発表することなどを通じて他者とのコミュニケーションを図ろうとするときに，身ぶり，手ぶり，表情，動作など，多様な伝達手段の複合的な駆使がみられる。

2　展望

　「2つのベーシックス」という考え方がある。教育課程の中核（基礎・基本）に何を置くかという問題である。現在の教育課程は「読み」「書き」「算」すなわち「国語」「数学」などを中核に置き，周辺教科として芸術，体育などを配している。主要教科という表現もある。時間割のゴールデンアワーには主要教科が配され，周辺教科が配されることはめったにない。

　プラトンは「芸術を教育の基礎とするべきである」とした注2。彼の理想を生かせば，美術，音楽そして体育などが教育課程の中核になり，「読み」「書き」「算」は周辺教科として配される。そして，知性，感性を2元的に扱う考え方は，両者の一元論へと変わる。何を中核と考えるかによって，教育は大きく変わる。身心ともに幸せな子どもの成長の鍵を握るのは，2つのベーシックスのうちのどちらであるのかを考えたい。

注　引用・参考文献　1 依田真監（1985）『新・教育心理学事典』金子書房，p.335., pp.398-399., p.497., pp.563-565./2 H.リード，宮脇理他訳（2001）『芸術による教育』フィルムアート社，p.18.

関連図書　モリーン・コックス，子安増生訳（1999）『子どもの絵と心の発達』有斐閣

家庭 技術・家庭 1 目的と教育課程（家庭分野）

鳥井葉子

1 目的

　家庭科においては、小学校では生活を理解する能力（家庭生活の事実認識）、中学校では生活を科学的に実践する能力（生活の自然科学的・社会科学的認識）を、高等学校では生活を創造する能力（生活の総合的認識）を培い、「生きる力」の育成をめざしている注1。

　5・6年生に指導される小学校「家庭」の目標は、「衣食住などに関する実践的・体験的な活動を通して、日常生活に必要な基礎的・基本的な知識及び技能を身に付けるとともに、家庭生活を大切にする心情をはぐくみ、家族の一員として生活をよりよくしようとする実践的な態度を育てる」ことである注2。

　中学校「技術・家庭」家庭分野では、「衣食住などに関する実践的・体験的な学習活動を通して、生活の自立に必要な基礎的・基本的な知識及び技術を習得するとともに、家庭の機能について理解を深め、これからの生活を展望して、課題をもって生活をよりよくしようとする能力と態度を育てる」ことが目標である注3。

　高等学校普通教科「家庭」は、「人間の生涯にわたる発達と生活の営みを総合的にとらえ、家族・家庭の意義、家族・家庭と社会とのかかわりについて理解させるとともに、生活に必要な知識と技術を習得させ、男女が協力して主体的に家庭や地域の生活を創造する能力と実践的な態度を育てる」ことが目標である注4。「家庭基礎」（2単位）は、基礎的な知識と技術の習得、従来の「生活技術」に代わる「生活デザイン」（4単位）は体験的な学習、「家庭総合」（4単位）は総合的な学習に重点が置かれており、このうち1科目を選択履修する。

2 教育課程

　小学校「家庭」は、「A 家庭生活と家族」「B 日常の食事と調理の基礎」「C 快適な衣服と住まい」「D 身近な消費生活と環境」からなり、相互に関連づけて指導する。

Aの「(1)自分の成長と家族　ア　成長の自覚，家庭生活と家族の大切さ」は，2年間の家庭科学習のガイダンスとして，5年生の最初に位置づけられている。また，調理技能および縫製技能に関する内容は，学習効果を高めるために，5・6年の2学年にわたり，平易なものから段階的に学習できるように位置づけられている。

　中学校「技術・家庭」の家庭分野は小学校の学習を発展させ，同じく4つの学習項目「A 家族・家庭と子どもの成長」「B 食生活と自立」「C 衣生活・住生活と自立」「D 身近な消費生活と環境」からなる。

　Aの「(1)自分の成長と家族」は，小学校の家庭科学習の振り返りと中学校の3年間の学習の見通しをもたせるために，第1学年の最初に位置づけられている。また，学習を活用して生活を展望する能力と実践的な態度を育成するために，A(3)エ，B(3)ウ，C(3)イから，1または2事項を選択して履修させる。

　高等学校「家庭」は3科目がある。「家庭基礎」は，①人の一生と家族・家庭および福祉，②生活の自立および消費と環境，③ホームプロジェクトと学校家庭クラブ活動，からなる。「家庭総合」は，①人の一生と家族・家庭，②子どもや高齢者とのかかわりと福祉，③生活における経済の計画と消費，④生活の科学と環境，⑤生涯の生活設計，⑥ホームプロジェクトと学校家庭クラブ活動，からなる。「生活デザイン」は，①人の一生と家族・家庭および福祉，②消費や環境に配慮したライフスタイルの確立，③食生活の設計と創造，④衣生活の設計と創造，⑤住生活の設計と創造，⑥ホームプロジェクトと学校家庭クラブ活動の項目，から構成される。ホームプロジェクトは生徒個人の生活課題の解決を，学校家庭クラブ活動は共同で地域の生活課題解決を図る，それぞれ実践的な学習活動である注5。

注　引用・参考文献　1 日本家庭科教育学会（1997）『家庭科の21世紀プラン』家政教育社 p.116.／2 文部科学省（2008）『小学校学習指導要領解説［家庭編］』／3 文部科学省（2008）『中学校学習指導要領解説［技術・家庭編］』／4 文部科学省（2009）『高等学校学習指導要領』／5 文部科学省（2009）『高等学校学習指導要領解説［家庭編］』

関連図書　安東茂樹編（2006）『セルフ・エスティームをはぐくむ技術・家庭科教育　家庭分野』明治図書

家庭 技術・家庭 2

内容と教育心理学（家庭分野）
―家族・家庭と子どもの成長―

黒川衣代

1 目的と内容

　家族や家庭，子どもに関する学習は，学習指導要領注1によると，小学校家庭科では「A　家庭生活と家族」で，中学校技術・家庭科では「A　家族・家庭と子どもの成長」で扱うことになっている。ここでは紙幅の都合により中学校に焦点を当てる。

　2008年の改訂において重視されたのは，家庭の機能を理解し，人とよりよくかかわる能力の育成をめざした学習活動，幼児への理解を深め，子どもが育つ環境としての家族と家庭の役割に気づかせる幼児ふれあい体験などの活動である。

　このA領域の目的は，「人間が心身ともに成長し，家族の一員としての役割を果たすことの意義や周囲の人々とも人間関係の大切さなどを理解し，よりよい生活を主体的に工夫できる能力と態度を育てること」であり，そのための内容は，①自分の成長と家族，②家庭と家族関係，③幼児の生活と家族，から構成されている。

2　エビデンス

(1) 家庭の機能の理解

　日本家庭科教育学会が行った調査注2によると，中学2年生が考える家庭の働きの第1位は「家族みんなが楽しくすごす」で80％が選択した。2位「寝たり休んだりする」（68％），3位「くらしに必要なお金がある」（66％）と続き，子どもが育つ環境としての家族と家庭の役割に当たる「子どもをよい人間に育てる」は6位（59％），「子どもを生み育てる」は7位（64％）であった。

　中学3年を対象にした調査結果注3では，家庭や家族の基本的な機能に関する問題の正答率（通過率）は，「心の安らぎを得る」が78.6％，「子どもを生み育てる」は70.8％であった。普段の生活のなかで，家族と話し合ったり協力したりしているかを問う質問との関連でみると，肯定的な回答をした生徒のほうが，正答率が高い傾向があった。

(2) 幼児ふれあい体験の有効性

　幼児ふれあい体験は，保育所や幼稚園に協力をお願いして，実際に幼児と交流する体験活動である。背景には，きょうだい数の減少，少子化，近所づきあいの減少などにより，乳幼児にあまり接する機会がないまま青年期を迎えるという現実がある。家庭科の授業で実施される幼児ふれあい体験については，さまざまな調査や研究がその効果を報告している。

　①生徒の子どもに対する感情やイメージの肯定的な変化[注4]，②子育て中の親や自分の親に対する意識の肯定的な変化[注5]，③自分自身の生き方の模索につながる変化[注6]，④子どもとの相互作用のなかで育まれる自分に対する自己効力感である「対子ども社会的自己効力感」の獲得[注7]などがあげられている。

3　エビデンスに基づく学習支援と課題

　家族の機能に関する学習は，幼児ふれあい体験を通して，子どもが育つ環境としての家庭の機能の理解が深まることが期待できる。幼児ふれあい体験は，保育所や幼稚園の訪問以外に子育てサークルなどの訪問や招待，母親へのインタビューなどが考えられる。また，効果を高めるためには，イベント的な活動にとどまらず，定期的な交流を通して子どもの成長観察や交流を重ねる発展が望まれる。受け入れる保育現場の受けとめ方を知っておくことも重要であろう[注8]。

注　引用・参考文献　1 文部科学省（2008）『小学校／中学校学習指導要領』／2 日本家庭科教育学会（2002）『児童・生徒の家庭生活の意識・実態と家庭科カリキュラムの構築－家庭生活についての全国調査の結果』pp.67-78.／3 国立教育政策研究所教育課程研究センター（2009）『特定の課題に関する調査（技術・家庭）調査結果（中学校）』pp.168-169.／4 砂上史子他（2005）「高校家庭科における保育体験学習者の意識変容（第2報）生徒の感想文にみる保育体験学習者の経験内容の分析」『日本家庭科教育学会誌』48(1)，pp.10-21.／5 石川清美（1997）「思春期体験学習の効果」『平成8年度厚生省心身障害研究　効果的な親子のメンタルケアに関する研究』pp.247-254.／6 大路雅子他（1998）「雑誌掲載事例に見る中学・高校生の乳幼児体験学習の効果と問題点」『日本家庭科教育学会誌』41(1)，pp.55-62.／7 伊藤葉子（2004）「中・高校生の保育体験学習の教育的効果」『乳幼児教育学研究』13，pp.1-12.／8 倉持清美他（2009）「保育現場における　中・高校生のふれ合い体験活動の実施状況と受け止めかた」『日本家政学会誌』60(9)，pp.817-823.

家庭 技術・家庭 3

内容と教育心理学（家庭分野）
―食生活と自立―

西川和孝

1 目的と内容

2008年の学習指導要領の改訂により，小学校と中学校の家庭分野は，4つの内容構成（A, B, C, D）となった[注1]。特に，その内容のうち「B 食生活と自立」では，中学校で扱っていた五大栄養素を小学校で扱うこと，中学校において「地域の食文化」が拡大されたことなど，小学校から中学校までの指導の系統性がより明確となった。

そこで，2008年以前の学習指導要領との比較，ならびに食育のいっそうの充実の観点から，「B 食生活と自立」の内容における，地域の食材を用いた調理実習について検討する[注1,2]。

2 エビデンス

地域の食材（サツマイモ）を用いた郷土料理の教材の有効性について明らかにするため，事例研究として，長崎県と徳島県の郷土料理を調査後，授業実践可能な教材を開発した[注3,4]。さらに，徳島県内の中学校で授業実践およびアンケート調査を行った。

(1)教材開発と授業実践

教材開発の結果，長崎県の郷土料理「ヒカド」と徳島県の郷土料理「いとこ煮」が，短時間で作りやすく，中学生が調理するにあたって適度な教材であった[注5,6]。さらに，徳島県内の中学校において，「ヒカド」と「いとこ煮」を用いた調理実習を行った結果，すべての班が時間内に調理実習を終えることができた。

(2)アンケート調査

今回の地域の食材を用いた郷土料理の授業実践を検証するため，授業実践前後の郷土料理およびサツマイモへの嗜好・関心についてのアンケート調査を行い，主成分得点を変数としたクラスター分析を行った[注3,4]。

その結果，授業実践後，サツマイモ料理に対する嗜好・関心は高いが，郷土料理に対する嗜好・関心が低い群（クラスター4群）がなく

なった（下図）。さらに，郷土料理やサツマイモ料理に対する嗜好・関心が全体的に高まった（クラスター3群）。

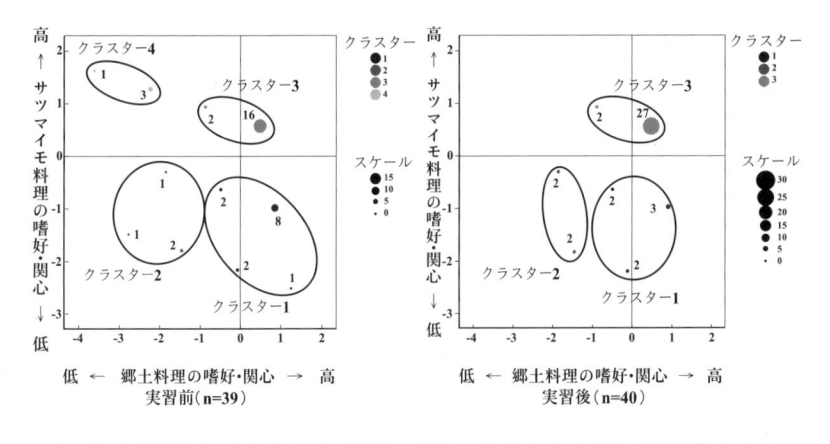

図　郷土料理およびサツマイモ料理の嗜好・関心の主成分得点を変数としたクラスター分析

3　エビデンスに基づく学習支援と課題

　今回の事例研究により，サツマイモを用いた郷土料理の教材は，郷土料理およびサツマイモの嗜好・関心を高めるうえで有効であるということが示された。

　特に，食育教育の中核となる家庭科での調理実習において，生徒がその地域に根ざした郷土料理を意識し，実践することは重要である。今回，地域の食材としてサツマイモの事例を検討したが，今後，サツマイモ以外の食材を用いた郷土料理の検討や改善を加えることで，さらなる効果が期待できるものと思われる。

注　引用・参考文献　1 文部科学省（2008）『小学校／中学校学習指導要領』／2 内閣府（2010）食育基本法改正／3 藤田絵美他（2007）「サツマイモを用いた郷土料理の授業実践と生徒の意識調査」『日本家政学会第59回大会研究発表要旨集』p.136.／4 藤田絵美（2007）「サツマイモを用いた郷土料理の授業実践と生徒の意識調査―『ヒカド』と『いとこ煮』について―」鳴門教育大学卒業論文／5 月川雅夫他（1985）『日本の食生活全集42 聞き書 長崎の食事』農山漁村文化協会／6 立石一他（1990）『日本の食生活全集36 聞き書 徳島の食事』農山漁村文化協会

関連図書　竹原広美他（2001）「浴室環境及び入浴行動に関する調査研究（第2報）：入浴行動の実態及び入浴意識について」『日本家政学会誌』52(10), pp.83-91.

家庭 技術・家庭 4 内容と教育心理学（家庭分野）
―衣生活と自立―

福井典代

1 目的と内容

衣生活とは，人が生きていくために必要な被服の調達・着装・手入れ・保管，ならびに廃棄を含む，すべての被服行動をいう[注1]。衣生活は，食生活や住生活とともに，人が生活していくうえで欠かすことのできない生活活動である。

小学生は，衣服の着用と手入れならびに生活に役立つ物の製作について学習する。また，衣服の着用と手入れでは，衣服の働きと快適な着方の工夫，日常着の手入れとボタン付けおよび洗濯を行う。洗濯は，手洗いを中心に洗濯の基本を学び，身近な環境の影響を考えた洗剤の量を理解する。手縫いは，玉結び，玉どめ，なみ縫い，返し縫い，かがり縫いなどの縫い方を学ぶ[注2]。

中学生は，衣服の選択と手入れならびに衣生活，住生活などの生活の工夫について学習する。衣服の選択では，小学校で学習した保健衛生上の着方と生活活動上の着方を踏まえて，社会生活上の着方を中心に理解する。なお，着方の工夫では和服の基本的な着装と扱いも学ぶ。日常着の手入れでは，綿，毛，ポリエステルなどを取り上げ，基本的な性質を理解し，その違いに応じた手入れの仕方や洗濯が適切にできるようにする。なお，洗濯については，電気洗濯機を用いた洗濯を行う。補修では，まつり縫いによる裾上げ，ミシン縫いによるほころび直し，スナップ付けを学ぶ。布を用いた物の製作では，補修の技術を製作品に取り入れるようにする[注3]。

2 エビデンス

(1)衣服の選択

意思決定能力の育成をめざして，意思決定プロセスを学習する授業を高等学校で実践した[注4]。いとこの結婚式に出席するときの服装として，生徒1名あたり約5種の服装を想起した。各服装のメリット，デメリットを検討した結果，加算型の意思決定プロセスが約半数を占

めた。加算型は堅実な選定方式であり，この学習は望ましい意思決定方式の取得につながることが示唆された。

(2)生活に役立つ物の製作

小学校で実践した被服製作の研究注5，6によると，製作前にミシンを使ったことのある5年生は28％であったが，6年生では学校以外でミシンを使った児童は53％となり，小物を製作したことでミシンの取り扱いに慣れて興味をもった状況がうかがえる。

3 エビデンスに基づく学習支援と課題

安価な既製服が数多く出回っている現状では，価格や色・柄・デザインに着目して衣服を購入している消費者が多い。繊維の種類や縫製，洗濯の方法，サイズなどの品質についても確認してから衣服を購入することの指導が望まれる。そのためには，布を用いた製作においても，手縫いやミシン縫いの基礎的・基本的な技術の習得を踏まえて，既製服の購入に役立つ力を育てることが必要である。

着方の工夫では，小学生では季節の変化や住まい方に合わせて衣服の選択をする。中学生では色やデザインだけでなく，時・場所・場合に応じた衣服の着用や個性を生かす着方の工夫を行う。洋服と和服の被服構成の違いについての授業を取り入れて，着方の違いや衣文化に関心をもつような授業が考えられる。

衣服の洗濯については，洗濯の方法を理解するとともに，環境に配慮した水や洗剤の適切な使い方を実践して「身近な消費生活と環境（pp.144～145）」との関連を図ることが大切である。

注　引用・参考文献　1 日本家庭科教育学会（1992）『家庭科教育事典』実教出版，p.392.／2 文部科学省（2008）『小学校学習指導要領解説[家庭編]』／3 文部科学省（2008）『中学校学習指導要領解説[技術・家庭編]』／4 福井典代他（2000）「服装の選定を題材とした意思決定プロセスの学習」『家庭科教育実践研究誌』5, pp.1-8.／5 鳥井葉子他（2008）「基礎的な技能の習得をめざした小学校被服製作の授業実践(第1報)」『鳴門教育大学授業実践研究』7, pp.47-51.／6 福井典代他（2008）「基礎的な技能の習得をめざした小学校被服製作の授業実践（第2報）」『鳴門教育大学授業実践研究』7, pp.53-58.

関連図書　家庭科教育実践講座刊行会編（1998）『アセット第4巻　豊かな個性と生活文化を育てる衣生活』ニチブン／藤原康晴（2006）『新訂衣生活の科学』放送大学教育振興会

家庭 技術・家庭 5 内容と教育心理学（家庭分野）
―身近な消費生活と環境―

鳥井葉子

1 目的と内容

小学校「身近な消費生活と環境」では，物や金銭の大切さに気づき，身近な物の選び方，買い方を考え，計画的な使い方を考えて適切に購入できることを目的とする「物や金銭の使い方と買物」，および，自分の生活と身近な環境のかかわりに気づき，物の使い方などを工夫できることを目的とする「環境に配慮した生活の工夫」を学ぶ。また，家族や近隣の人々，衣食住の学習と関連づけて進める注1。

中学校の家庭分野「身近な消費生活と環境」では，次のとおりである。自分や家族の消費生活に関心をもち，消費者の基本的な権利と責任について理解すること，販売方法の特徴について知り，生活に必要な物資・サービスの適切な選択，購入および活用ができることを目的とする「家庭生活と消費」を学ぶ。また，自分や家族の消費生活が環境に与える影響について考え，環境に配慮した消費生活について工夫し，実践できることを目的とする「家庭生活と環境」を学ぶ注2。

高等学校では，消費生活の現状・課題，消費者の権利・責任を理解し，適切な意思決定に基づいて行動でき，生涯を見通した生活において経済の管理や計画について考える「消費生活と生涯を見通した経済の計画」を学ぶ。また，生活と環境とのかかわりについて理解し，持続可能な社会をめざしてライフスタイルを工夫し，主体的に行動できることを目的として消費生活と環境について学ぶ注3。

2 エビデンス

(1)学習方法の支援

家庭科では，学習者自身が生活課題を見つけ，その解決方法を検討し計画を立て，生活実践をして反省・評価する学習を重視している。

小学校の実践で，生活排水と米に関する授業の導入時，生活環境の実態把握のための実地見学を行った実物の観察比較や実験の学習活動を位置づけることによって興味・関心の深化と問題意識の高まりが見

られる注4。

(2) 自己評価の支援

環境と関連づけた中学校食生活の授業において，次のような学習効果があったことがあげられている注5。

明確な授業目標を提示し，学習者が仲間と共有できる学びの場を設定することによって，個別の学びの教育効果が高まる。また学習者との共通認識を踏まえた評価基準による自己評価が，主体的な学びの支援になりうる。さらに，形成的評価と組み合わせた相互評価が，学習意欲および評価能力を高める効果がある。

3　エビデンスに基づく学習支援と課題

現代社会で求められている「主体的な消費者」をめざして，小・中学校において授業実践がされており，高等学校では個人や家庭の消費生活に焦点を当てて家庭経済と関連させた授業が実践されている。

今後は，社会への働きかけを含めて，消費生活環境の改善をめざす授業実践の試みと，学習効果の検討が必要である。持続可能な社会をめざす学習の重要性が認識されて以降，小・中・高等学校ともに，家庭科における環境に配慮した消費生活の学習の実践が多くなされている。しかし衣食住の学習に比べてその歴史は浅く，各学校種独自の内容が設定されているとは言いがたい。

エビデンスの蓄積を踏まえて，各学校種に最適な内容を設定することが重要な課題である注6。

注　引用・参考文献　1 文部科学省（2008）『小学校学習指導要領解説［家庭編］』／2 文部科学省（2008）『中学校学習指導要領解説［技術・家庭編］』／3 文部科学省（2009）『高等学校学習指導要領』／4 倉盛三知代他（1994）「環境教育を導入した家庭科の指導―生活排水と米の教材―」『和歌山大学教育学部教育実践研究指導センター紀要』3, pp.85-96.／5 内藤利枝子・伊藤葉子（2006）「家庭科の授業からみる自己評価の教育的効果」『千葉大学教育学部研究紀要』54, pp.127-133.／6 鳥井葉子（2007）「家庭科教育教材データベースにみる小・中・高等学校の消費者教育実践事例の考察」『消費者教育』27, pp.93-99.

関連図書　日本家庭科教育学会編（2007）『生活をつくる家庭科〈第2巻〉安全・安心な暮らしとウェルビーイング』ドメス出版／日本家庭科教育学会編（2007）『生活をつくる家庭科〈第3巻〉実践的なシティズンシップ教育の創造』ドメス出版

目的と教育課程（技術分野）

尾崎士郎

1 目的

2008年版の学習指導要領では，技術分野の目標を「ものづくりなどの実践的・体験的な学習活動を通して，材料と加工，エネルギー変換，生物育成及び情報に関する基礎的・基本的な知識及び技術を習得するとともに，技術と社会や環境とのかかわりについて理解を深め，技術を適切に評価し活用する能力と態度を育てる」としている[注1]。

したがって，技術分野の学習の特徴は，ものづくりなどの実習や観察・実験，調査などの具体的な学習活動を通して，学習の対象とする"もの"の性質や仕組み，それらの理論に関する知識，目的を達成するために習得したそれらの知識を適切に組み合わせて具体的な形にするための技術を習得することにある。

それとともに，技術と社会や環境とのかかわりについての理解に基づき，技術のあり方や活用の仕方などに対して客観的に判断・評価し，主体的に活用できるようにすることである。

2 教育課程

1998年版の学習指導要領では，前教育課程の木材加工，金属加工，電気，機械，栽培の5領域が統合されて「A 技術とものづくり」，情報基礎が拡充されて「B 情報とコンピュータ」の2つとなった。

2008年版の学習指導要領では内容構成を，「A 材料と加工に関する技術」「B エネルギー変換に関する技術」「C 生物育成に関する技術」「D 情報に関する技術」の4つに改め，すべての内容を必修とした。

2008年版の新教育課程の技術分野の目標については，ものづくりを支える能力などをいっそう高めるとともに，よりよい社会を築くために，技術を適切に評価し活用できる能力と実践的な態度の育成を重視するとした改善を図っている。

指導計画の作成にあたっては，①技術分野および家庭分野の授業時数は3学年間を見通した全体的な指導計画に基づき，いずれかの分野

に偏ることなく配当して履修させること。

②技術分野の4つの内容の各項目に配当する授業時数および履修学年は，地域，学校および生徒の実態などに応じて各学校で適切に定めること，その際「A 材料と加工に関する技術」では，小学校図画工作科の学習を踏まえ，中学校における学習の見通しを立てさせるために，第1学年の最初に履修させること。

③各内容の各項目に示す事項は，相互に有機的な関連を図り，総合的に展開されるように適切な題材を設定して計画を作成すること。

④道徳教育の目標に基づき，道徳との関連を考慮しながら，技術分野の特質に応じて適切な指導をすることなどに配慮するとしている。

各分野の内容を取り扱う際には，実践的・体験的な学習の充実，問題解決的な学習の充実，家庭や地域社会との連携や学習指導と評価に配慮することとしている。技術分野の学習が生徒の主体的な活動となり，学ぶ喜びを実感できるようにするには，指導計画の立案の段階から評価計画を組み込み，評価を学習指導に生かすことが重要である。

評価計画の作成にあたっては，指導のねらいに基づいて評価規準などを具体化し，評価の時期や評価の方法についても考え，適切に行うようにする。技術分野の実習の指導にあたっては，施設・設備の安全管理に配慮し，学習環境を整備するとともに，火気，用具，材料などの取り扱いに注意して事故防止の指導を徹底し，安全と衛生に十分に留意することが示されている。

一方，技術分野においても，国語科で培った能力を基本に，知的活動の基盤という言語の役割の観点から，実習などの結果を整理し考察するといった学習内容を充実させる必要があるとされている。さらに技術分野の特質を踏まえ，生活における課題を解決するために，図表やものづくりに関する概念を用いて考えたり，説明したりするなどの学習活動も充実する必要があり，言語の能力を高める学習活動を指導計画に位置づけておくことが大切である。

注 引用・参考文献 1 文部科学省（2008）『中学校学習指導要領解説［技術・家庭編］』

家庭 技術・家庭 7 内容と教育心理学（技術分野）
—材料と加工に関する技術—

有川　誠

1　目的と内容

「A 材料と加工に関する技術」は，①生活や産業の中で利用されている技術，②材料と加工法，③材料と加工に関する技術を利用した設計・製作，の3項目から構成されている[注1]。この領域は，かつては「木材加工」「金属加工」といった材料（産業）種別に分けて取り扱われていたが，この垣根が取り払われ「設計・製図」の内容も含めて再編された。なお「製図」については，「技術教育全体の基礎」として，独立した領域にすべきとの意見もある[注2]。実際のものづくり場面では，製品の目的（機能や構造）に応じて構想および設計が行われ，段取りを考慮し，適する材料や加工法（工具や機械）が選択されて製作が行われる。「材料と加工」という枠に再編されたことで，現実の生産場面に即した指導が行いやすくなったといえる。

2　エビデンス

(1)「製図」に関するもの

製図は「生産技術における言語」であり，「思考手段であると同時に情報伝達の手段」でもある[注3]。このうち「思考手段」として製図を活用するには，例えば3次元立体を2次元平面に投影したり，2次元平面に描かれた3面図を3次元立体に（表象レベルで）構成したりする空間認知・表象能力が必要となる。しかし，これらは相互に関連しているにもかかわらず，前者（投影）の能力形成が必ずしも後者（構成）の能力形成をもたらさないことが明らかにされている[注4]。このような能力形成の手だての一例として，「投影→構成」の空間表象能力形成を意図した「教育プログラム」が提案され，小学生でも空間表象能力を形成できる可能性が示唆されている[注5]。

(2)作業の「段取り」に関するもの

「段取り」とは，作業に入る前に何をどのような順序で行うかを熟慮したり，材料や工具などを準備したりする行為である。作業が遅れ

がちで不器用意識をもつ生徒に，作業全体を見通させ準備させるというこの「段取り場面」を導入することにより，彼らの不器用意識などが改善されることが明らかにされている。この結果をもとに，作業段取り能力の形成を意図した「教育実践モデル」も提起されている注6。

(3)「工具の操作技能」に関するもの

材料の加工などに用いる工具の操作技能を形成するには，ただやみくもに操作を繰り返させる（練習させる）のではなく，工具に共通する法則性を理解させることが重要である。これについて，例えば「釘抜きはてこである」

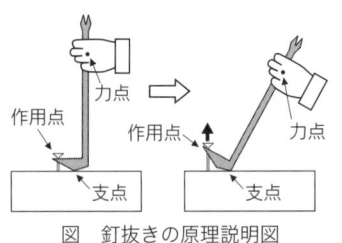

図　釘抜きの原理説明図

という教師の説明や操作を観察させた後，生徒自身に「てこである」ことを体験させた場合，（てこを原理とする）他の工具に生徒が初めて出会った場面でもうまく操作できることが確かめられている注7。

3　エビデンスに基づく学習支援と課題

「材料と加工に関する技術」については，上記の3分野について教育心理学をベースとした研究が蓄積されている。この領域は実際に「製品を製作する」③の項目がかなりの部分を占め，他の項目や領域より多くの時間を要する場合が多い。2008年版中学校学習指導要領では，すべての内容項目が必修とされたにもかかわらず，授業時間は少ないままである。作業の「段取り」や「工具の操作技能」のような分野の実践・研究のさらなる進展により，少ない時間で効果をあげられる指導法の追究がよりいっそう求められよう。

注　引用・参考文献　1 文部科学省（2008）『中学校学習指導要領解説［技術・家庭編］』／2 河野義顕他編著（1999）『技術科の授業を創る』学文社，pp.29-32.／3 前掲書（注2）p.29.／4 天野清・田島啓子（1980）「空間概念の形成に関する実験的研究」『教育心理学研究』28(2)，pp.80-90.／5 城仁士（1980）「製図における投影ー構成行為の形成と投影図法の教授＝学習」『教育心理学研究』28(3)，pp.219-228.／6 土井康作（2004）『技術教育における作業段取りの教育的効果』風間書房／7 有川誠・丸野俊一（2000）「原理に対する理解及び操作体験が工具操作能力の改善に及ぼす効果」『教育心理学研究』48(4)，pp.501-511.

関連図書　神宮英夫（1993）『スキルの認知心理学』川島書店

家庭 技術・家庭 8 内容と教育心理学（技術分野）
―エネルギー変換に関する技術―

有川　誠

1　目的と内容

「B　エネルギー変換に関する技術」は，①エネルギー変換機器の仕組みと保守点検，②エネルギー変換技術を利用した製作品の設計・製作，の2項目から構成されている注1。この領域についても，かつては「電気」「機械」といった産業分野別の取り扱いが行われていたが，これらに共通する概念である「エネルギー変換」という枠で再編された。項目②の「エネルギー変換に関する技術を利用した製作品の設計・製作」については，「モノをつくる」過程で技術的概念や技能を学ばせるという技術科特有の指導パターンを踏襲したものだが，②にのみ授業時数を多く配分することはできないため，Aの項目③と相互に有機的関連を図る注2ことが特に重要になろう。

2　エビデンス

(1)「電気エネルギーの変換」に関するもの

技術教育としてエネルギーを取り上げる場合，その変換・伝達・利用における「効率・損失」の概念を生徒に形成させることが重要な課題となる注3。これに関連する「電気エネルギーの変換」の実践事例として，電熱機器（電気ポット・電気コンロ）によって電気を熱に変換してお湯を沸かす場合の「熱効率」を測定・比較させる実験授業が報告されている。この授業により，生徒に電熱機器の構造と熱効率の関係や，機器のタイプ（専用・汎用）と効率の関係などに気づかせられることが報告されている注4。

次に，エネルギー変換の仕組みに関する事例として，電気を熱に直接変換する「発熱体」について，生徒がどのような素朴な概念やメンタルモデルを抱いているかが明らかにされている注5。この研究では，生徒は過去の学習・生活経験で獲得した自分なりの多様な素朴概念やモデルをもっており，それらの概念やモデルは，たとえ教師が事実を示す実験を提示しても，科学的概念・モデルには容易に変化しないこ

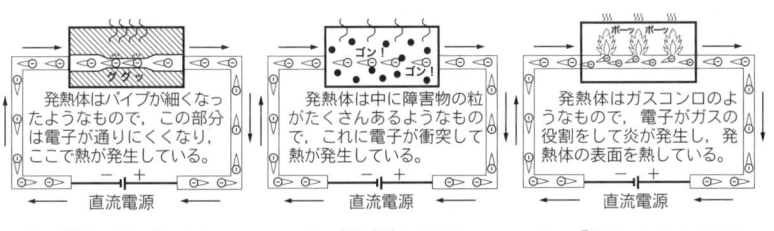

1 「細いパイプ」モデル	2 「障害物」モデル	3 「ガスコンロ」モデル
発熱体はパイプが細くなったようなもので，この部分は電子が通りにくくなり，ここで熱が発生している。	発熱体は中に障害物の粒がたくさんあるようなもので，これに電子が衝突して熱が発生している。	発熱体はガスコンロのようなもので，電子がガスの役割をして炎が発生し，発熱体の表面を熱している。

図 「発熱体」について生徒が抱いているメンタルモデル（例）

とが示唆されている。

(2) 「機械的エネルギーの変換」に関するもの

「機械的エネルギーの変換」に関するものでは，風車・水車など自然界のエネルギーを直接動力に変換する機械の仕組みや効率，あるいは，化石燃料を熱→圧力→動力へとダイナミックに変換する熱機関の仕組みと効率といった分野で，幅広く実践的な研究が蓄積されている。特に「熱機関の仕組み」に関しては，生徒の素朴な概念や既有知識などを考慮したカリキュラムや学習指導法が提案されている[注6]。

3　エビデンスに基づく学習支援と課題

以上述べたように，「エネルギー変換に関する技術」については教育心理学をベースとした幅広い実践・研究が蓄積されている。なお学習指導要領に，②「……製作品の設計・製作」という項目があるため，この領域でも題材の設計・製作に授業時間をとられがちであろう。しかし，エネルギー変換技術の本質を理解させるには，設計・製作だけでなく，「調査・観察・実験・操作」といった科学的な根拠に基づく多様な指導の工夫が不可欠である[注7]。多様な指導法や生徒の概念・既有知識などを踏まえた実践・研究のさらなる蓄積が期待される。

注　引用・参考文献　1 文部科学省（2008）『中学校学習指導要領解説［技術・家庭編］』pp.23-27. ／2 前掲書（注1）p.74. ／3 河野義顕他編著（1999）『技術科の授業を創る』学文社，pp.124-127. ／4 有川誠（1993）「技術科における効率の概念学習の授業実践」『日本産業技術教育学会誌』35(2)，pp.135-139. ／5 有川誠・丸野俊一（1998）「発熱体に対して中学生が持つメンタルモデルの分析」『教育心理学研究』46(1)，pp.58-67. ／6 有川誠（2007）『技術科におけるエネルギー変換の学習指導研究』風間書房／7 前掲書（注1），p.25.

関連図書　高垣マユミ編著（2005）『授業デザインの最前線』北大路書房

家庭 技術・家庭 9 内容と教育心理学（技術分野）
―生物育成に関する技術―

有川　誠

1　目的と内容

「C　生物育成に関する技術」は，①生物の生育環境と育成技術，②生物育成に関する技術を利用した栽培または飼育，の2項目から構成されている[注1]。この領域はこれまで「作物の栽培」のみが対象となってきたが，その範囲が広がり「動物の飼育」「魚介類の栽培・養殖」など，さまざまな生物の育成を教材として取り扱えることになった。

さらに生物育成に関する技術が食料だけでなく，燃料や材料の生産といった多くの役割を担っていることを生徒に気づかせることも期待されている。

なおこの領域は対象が「生き物」であるため，栽培（飼育）の時期や環境管理などで他の領域とは異なる実践上のむずかしさがある。

2　エビデンス

この領域（「栽培」）は過去30年以上「選択して履修させる」こととされていた。また，さきにも述べた他の領域とは異なる実践上のむずかしさもあり，履修している学校はかなり少ないとみられてきた。技術科を担当する教師への調査からも，栽培学習の必要性は認めつつ，授業時間数や圃場・農具などの施設・設備の不足から「栽培学習を実施していない」と回答した教師が多数を占める実態が明らかにされている[注2]。このような状況もあり，技術科の「栽培」領域の指導内容・方法などに関する研究・実践は他の領域に比べてかなり少ない。

(1)「栽培学習の意味・意義」に関するもの

技術科で栽培学習を行う意味や意義などに関する研究事例として，栽培の実践的・体験的な活動が，自ら学び考える力（自己教育力）を養うのに有効であることが報告されている[注3]。この研究では，「バケツを使った稲の栽培」の授業前後に，「課題意識・集中力・自主性」などの構成要素からなる「自己教育力診断テスト」を行い，回答の変

容などから生徒の自己教育力が育まれたことを明らかにしている。

(2)「栽培学習のカリキュラムや教材」に関するもの

次の実践事例として、生徒に「栽培環境，遺伝性，栽培技術」といった作物の量や質を規定する3要素の関連を理解させ、最終的に「できるだけ収穫を多くあげる」という栽培目的を達成させようとする具体的カリキュラムが提案されている[注4]。このカリキュラムでは、大豆の播種から収穫・加工（豆腐づくり）までを20時間で構成し、適宜3要素を確かめる観察・実験などを挿入した実践が報告されている。

さらに、栽培学習の新しい教材として、稲の十分な生育条件を維持しつつ、栽培管理の容易さや容器の持ち運びやすさなどを工夫した（例えば教室に持ち込んで机上で観察することも可能な）「ペットボトルを使った稲栽培」が提案されている[注5]。ここでは、栽培管理や施肥の方法、害虫・害鳥対策といった具体的な手だてが、実践データを踏まえて示されている。

図　ペットボトルを使った稲栽培

3　エビデンスに基づく学習支援と課題

「栽培」領域については、これまでの経緯から研究・実践の蓄積は十分とはいえない。しかし、今回の学習指導要領改訂で「生物育成」が必修化され、教材の対象の範囲が広がったことから、今後は研究・実践の増加および深化が期待されている。

これから、教科教育学、教育心理学を背景としたエビデンスの蓄積が最も求められる領域である。

注　引用・参考文献　1　文部科学省（2008）『中学校学習指導要領解説［技術・家庭編］』pp.28-31.／2　土井康作・秋山勝正・山下眞理（2001）「鳥取県の中学校における栽培学習に関する実態調査」『鳥取大学教育地域科学部紀要（教育・人文科学）』2(2)，pp.97-105.／3　魚住明生（2005）「技術科教育における自己教育力の育成に関する研究―中学校技術・家庭科（技術分野）での栽培学習の有効性について―」『日本産業技術教育学会誌』47(2)，pp.93-99.／4　村松浩幸（1990）「簡単にできる20時間の栽培学習―収量を柱として―」『技術教育研究』35，pp.30-36.／5　平尾健二（2009）「さあ，はじめよう！ペットボトル稲栽培」『食農教育』68，pp.26-29.

関連図書　竹村久生（2009）『図解おもしろ子ども菜園』農山漁村文化協会

家庭 技術・家庭 10
内容と教育心理学（技術分野）
―情報に関する技術―

有川　誠

1　目的と内容

　「D 情報に関する技術」は，①情報通信ネットワークと情報モラル，②デジタル作品の設計と制作，③プログラムによる計測・制御，の3項目から構成されている注1。この領域が「情報基礎」として技術分野に加わり，さらに「情報とコンピュータ」へと拡大されるにいたり，技術教育とはいえない内容を含む「情報教育」導入に対する疑問の声もあがった注2。一方，今回の「情報に関する技術」では，「コンピュータの基本的な操作」は削減（小学校へ移行）され，これまで選択とされていた「プログラムによる計測・制御」が必修化されるなど，技術教育的色彩が強まった。また，「技術・家庭科（技術分野）」のキーワードとされる「ものづくり」を，「デジタル作品の設計と制作」として位置づけるなど，他領域との整合性も意識された。

2　エビデンス

　情報教育的内容を含むと，かなり多くの研究・実践の蓄積があるが，ここでは技術教育的内容で，2008年の改訂で必修科目となった「③プログラムによる計測・制御」の範囲から研究・実践を紹介したい。

(1)「コンピュータによる制御」に関するもの

　コンピュータによる制御の学習指導では，市場製品の多くが「コンピュータにより自動化されたシステムで生産され動作する」こと，すなわちコンピュータによる自動化の概念形成が重要な課題と考えられる。これに関して，工具などの操作場面で生徒が制御をどうとらえているかを調べた調査によると，手動作業が機械作業となることで，「労力が減る」ことには容易に気づくが，「人間の操作（制御）が減る」ことには気づきにくい傾向が示唆されている注3。

(2)「プログラムの作成」に関するもの

　コンピュータプログラムの作成は，加工学習における設計，段取りの考慮などと類似する「技術的な問題解決」学習である。このプログ

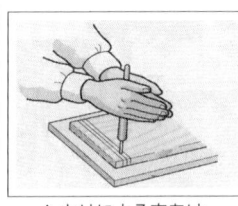

A キリによる穴あけ　　B 電動ドリルによる穴あけ　　C ボール盤による穴あけ

問1：上図は「穴あけ」の作業を示し、A→B→Cの順に作業が楽で便利になっている。楽で便利になっている点を説明せよ。

問2：全自動洗濯機は洗濯、濯ぎ、脱水を自動的に行ってくれる。この自動的な作業を行うために、全自動洗濯機にはどのような装置が入っているのだろうか？

図　制御に関する認識調査

ラム作成の学習活動を分析した研究事例として、まず生徒の思考過程がどのような構造的特性を示すかを検討している。次に、プログラム課題の構造、プログラム言語の種類、学習形態などプログラム作成にかかわるさまざまな条件の違いが生徒の思考過程に与える影響を明らかにしている。最後に、プログラム作成の学習指導に必要な条件を策定し、試行的な実践を通して学習効果を検証している[注4]。

3　エビデンスに基づく学習支援と課題

「情報に関する技術」は、かつてより、教育工学分野とも関連して多くの研究・実践が蓄積されてきた。ただ今回の学習指導要領改訂で、「情報に関する技術」は技術教育としての内容整理が行われ、情報教育的内容は薄まった。今後は「③プログラムによる計測・制御」に加え、「①情報通信ネットワークと情報モラル」の指導事項である「コンピュータの構成と基本的な情報処理の仕組み」など、技術教育的内容についてさらなる研究の蓄積が求められよう。

注　引用・参考文献　1 文部科学省（2008）『中学校学習指導要領解説［技術・家庭編］』／2 左巻健男編著（2001）『「理数力」崩壊』日本実業出版社，pp.158-163.／3 有川誠・近藤昌也（2007）「コンピュータによる自動化概念の学習指導法の開発」『日本教育工学会論文誌』31(2)，pp.165-173.／4 森山潤（2004）『プログラム作成における思考過程の構造分析』風間書房

関連図書　永野和男・田中喜美監（2000）『ITの授業革命「情報とコンピュータ」』東京書籍

家庭 技術・家庭 11 評価と教育心理学

小野瀬雅人

1　評価の目的

　小学校「家庭科」，中学校「技術・家庭科」，いずれの学習評価も，1991年の学習指導要録の改訂により，相対評価から絶対評価を基本とした観点別学習評価を行うことになった。評価の観点は，小学校家庭科は「家庭生活への関心・意欲・態度」「生活を創意工夫する能力」「生活の技術」「家庭生活についての知識理解」，中学校技術・家庭科は表に示す4観点で，評価資料の収集にあたっては児童生徒による自己評価・相互評価・他者評価により行う。

表　技術・家庭科における観点別評価の観点と評価の種類・対象

評価の種類（主体）	生活や技術への関心・意欲・態度	生活を工夫し創造する努力	生活の技術	生活や技術についての知識・理解
自己評価（児童生徒）	○	○		
相互評価（児童生徒）	○			
他者評価（教師）				
レポート	○	○		○
感想文	○			
観察記録	○			
学習カード		○		
製作物		○		
実技テスト			○	
作業場面の観察			○	
ワークシート				○
ペーパーテスト				○

（注）国立教育政策研究所教育課程研究センター（2002）「評価規準，評価方法等の研究開発」に基づき作成

　表に示すように，家庭科，技術・家庭科における学習評価は多種多様な評価方法により学習者に関する情報を収集し，評価するところに特徴がある。したがって，分野ごとに絶対評価（目標基準準拠評価），ポートフォリオ評価，パフォーマンス評価などを工夫し，説明責任を果たせるよう評価計画を立て進める必要がある。

2　エビデンス

　技術・家庭科における観点別評価を絶対評価で行うためには，学習

成果を客観的に測定する評価尺度が必要である。そのため，教師の実践的経験をQ技法，因子分析により技能や関心・態度に関する評価尺度が開発されている[注1]。

2001年の観点別評価「生活や技術への関心・意欲・態度」については，「コンピュータが扱う情報」に関する生徒20名分の学習用ノートの初発とまとめの感想を比較し，「量の増減」「内容の質の向上」「情意的な内容の有無」の3段階で，ねらいとする方向への変容を「より達成・達成・未達成・判定不能」で評価した研究がある[注2]。

また，「生活を工夫し創意する能力」については，ペーパーテストによる評価方法が検討されている。「工夫し創意」の4要因，すなわち，①解決すべき課題（学習課題）の認識，②解決された結果（解決目標）の見通し，③解決に必要な習得した知識・技能，情意，経験など（内部条件）の活用，④解決に必要な状況や条件などの情報（外部情報）の認識，を含むペーパーテストを作成し，到達状況の読み取りが可能であることを示した[注3]。

3　課題

家庭科，技術・家庭科における観点別評価に関するエビデンスは少ない。そこで，自己評価や4つの観点に関する評価方法の研究と開発にあたっては，本教科固有の目標や題材（教材）の理解や先行研究[注4,5]を踏まえ，評価方法の有効性を確かめるための実証的な検討を進め，その妥当性・信頼性を高めていくことが必要である。

注　引用・参考文献　1 桐田襄一（1991）「技術・家庭科における学習効果の評価尺度について」『日本産業技術教育学会誌』33(3)，pp.149-155.／2 尾崎誠・中村祐治（2006）「技術・家庭科における『関心・意欲・態度』を醸成する指導構成」『教材学研究』17，pp.157-160.／3 小倉修・尾崎誠・中村祐治（2008）「技術・家庭科において『工夫し創造する能力』を評価するペーパーテストに関する研究」『教材学研究』19，pp.71-78.／4 城仁士（1992）「自己評価能力の構造とその発達」『日本産業技術教育学会誌』34(1)，pp.7-14.，／5 井上尚世（1993）「『技術要素別－観点別』評価法に関する研究」『日本産業技術教育学会誌』35(2)，pp.205-211.

関連図書　日本教育評価研究会（1995）「特集『観点別評価』(6) －技術家庭，保健体育－」『指導と評価』41(5)，pp.6-26.／辰野千壽・石田恒好・北尾倫彦（2006）『教育評価事典』図書文化

家庭　技術・家庭　12

課題と展望

小野瀬雅人

1　課題

　小学校の家庭科，中学校の技術・家庭科，高等学校の家庭科は，それぞれ異なる歴史的背景をもつ。特に技術・家庭科は，家庭科の内容と技術科内容を合わせ，男女別学で1958年に新設された比較的新しい教科である。

　そのため，1つの教科としてまとめる理論の模索が続けられてきた。その背景には，家庭科，技術科それぞれの内容が広範にわたっている点があげられ，また人間の生活と無関係に成立しえない教科のため，時代の変化の影響を受けやすかったこともある。1989年の学習指導要領からは，教育における男女平等を実現する観点などから，技術・家庭科，高等学校の家庭科の男女共修が実現し，現在にいたっている。

　教育評価においては，観点別評価を行う際の，各分野の評価結果を総合する手順に関する問題点も指摘されている[注1]。「2　展望」で述べるように，分野により興味・関心の性差があるときの評価結果をどう総合するかは重要な検討課題である。

2　展望

　学習者である児童生徒は，家庭科や技術・家庭科を「実習を中心とした教科」として好意的に受けとめている。例えば，大阪，岐阜，徳島3府県の小学校1校ずつを対象に「好きな教科」を調査した結果，全8科目の平均順位で「家庭科」は5年男子で5.3位・女子で2.3位，6年男子で5.6位・女子で2.6位であった[注2]。この結果から，小学校の「家庭科」は男子より女子に好まれる教科であることがわかる。

　また，中学校の教科については全国調査が行われている[注3]。それによると9科目中「一番得意な教科」を問い，「技術・家庭科」は，男子で7位（6.3%）女子で8位（5.4%）。いっぽう「一番苦手な教科」を問うた場合は，男子で9位（2.9%）女子で7位（3.1%），「成績がよいと一番うれしい教科」では，男子で9位（1.6%）女子で9位

（0.9％），「将来一番役に立つ教科」では，男子で 5 位（10.3％）女子で 2 位（17.0％）であった。

この結果から，「技術・家庭科」は生徒にとって 9 教科のなかで苦手意識が低く，「役に立つ」という認識が高い教科であるといえる。教科としての「家庭科」「技術・家庭科」の心理学的研究を進めるにあたっては，学習者が教科をどのようにとらえているか，つまり「子どもの論理」の視点から教材開発の研究を進める必要がある。

前述のとおり，教科指導を学習者の視点，すなわち「子どもの論理」から研究を進めるのが心理学からのアプローチである。

本科目に関連する学習者の学びの過程を解明する認知心理学の研究成果は，近年，少しずつではあるが増えている。特に中学校の技術分野では，運動技能学習や認知技能の研究が1980年代に発展し，さまざまな理論が提唱されてきた。すべての学習活動を説明する「大型の（マクロ）」理論・モデルから，それぞれの内容領域に固有の学習活動を説明する「小型の（ミクロ）」理論・モデルの開発へと心理学の関心が移ってきたことも背景にある。このような流れは，家庭科や技術科の内容領域においても，確実に反映している。

しかし，本科目の特徴でもある広範な内容をみると，心理学の立場からの研究や理論（モデル）開発が十分でない。したがって，今後は家庭科の各内容，技術科の各内容との関連で，学習者の学びを理解する理論（モデル）の構築をめざした研究が必要になる。

技術分野では，すでに心理学の理論やモデルとの関連で，心理学の方法により学習者の学びを解明し，それに基づく研究が行われている。そうした研究の方法を参照したり，「デザイン実験」の考え方を取り入れた研究も必要になる。

注 引用・参考文献 1 堀内かおる他（2000）「『技術・家庭』担当教員のとらえる教科構造上の問題点」『日本家庭科教育学会誌』43(2)，pp.81〜88.／2 福沢周亮編著（1998）『最新データからみる小学生の心と生活（別冊教育技術）』16(1)，小学館／3 福武書店教育研究所（1994）『「教科観」モノグラフ中学生の世界』Vol.48.

関連図書 吉田甫，エリック・ディコルテ編著（2009）『子どもの論理を活かす授業づくり：デザイン実験の教育実践心理学』北大路書房

トピック

教員評価・学校評価　　　小野瀬雅人

1 教員評価

日本の学校では，1956年「地方教育行政の組織及び運営に関する法律」の制定により「教員の勤務評定」として教員評価が行われてきた。しかし，教職員組合の強い反対により評価結果が人事に反映されないのが慣行となり，その形骸化が問題とされた。

ところが，近年，「指導力不足教員」など，教師の力量不足の指摘を背景に，2000年12月「教育改革国民会議」の「教育を変える17の提案」が発端となり，教師の意欲や努力が報われ評価される体制づくりが提案された。さらに2002年の中央教育審議会答申「今後の教員免許制度の在り方について」に基づき，2003年から2005年にかけて，都道府県や政令都市教育委員会に「教員の評価に関する調査研究」が委嘱された。それ以降，従来の勤務評定に代わり「新しい教員評価」制度が始まった。

2 学校評価

「説明責任（accountability）」という用語が，日本の政治や行政の用語として盛んに使われるようになった。この用語は，企業や政府など社会に影響を及ぼす組織が直接・間接に関係するすべての人や組織（利害関係者：Stakeholder）に対し，活動計画と実施結果を報告する責任があるとする考えである。これは1970年代に「学校評価」という形で米英から広まった。特に公教育においては，教育行政機関の予算や各学校の予算の費用対効果が問題とされる。学力に対する社会や保護者の関心も高いため，文部科学省や地方の教育委員会は「学力検査」を実施し，その結果説明が盛んになった。

学校現場では，2000年前後から「ゆとり教育」が原因とされる「学力低下」が大きな課題となっている。学校は説明責任を果たすため，毎時間の授業内容，めざす学力とその評価が問われるようになった。学校は保護者に対してこれらの説明を行い，学力向上対策にとどまらず，学校経営上の課題でもある生徒指導・進路指導や各教師の学級経営についての説明責任を果たさねばならなくなった。最近では保護者からのクレームへの対応，さらには，学校と地域の連携やそこで学校現場の果たす役割などの課題も指摘されている。

体育／保健体育 1 目的と教育課程

賀川昌明

1 目的

　小学校学習指導要領では，「心と体を一体としてとらえ，適切な運動の経験と健康・安全についての理解を通して，生涯にわたって運動に親しむ資質や能力の基礎を育てるとともに健康の保持増進と体力の向上を図り，楽しく明るい生活を営む態度を育てる」ことが，「体育」の目標として掲げられている注1。

　また，中学校学習指導要領「保健体育」では「心と体を一体としてとらえ，運動や健康・安全についての理解と運動の合理的な実践を通して，生涯にわたって運動に親しむ資質や能力を育てるとともに健康の保持増進のための実践力の育成と体力の向上を図り，明るく豊かな生活を営む態度を育てる」ことが掲げられ，高等学校学習指導要領「保健体育」では，「心と体を一体としてとらえ，健康・安全や運動についての理解と運動の合理的，計画的な実践を通して，生涯にわたって豊かなスポーツライフを継続する資質や能力を育てるとともに健康の保持増進のための実践力の育成と体力の向上を図り，明るく豊かで活力ある生活を営む態度を育てる」ことがそれぞれ目標に掲げられている注2，3。

　このように，体育科，保健体育科は，生涯にわたって健康を保持し，豊かなスポーツライフを実現するために必要な資質や能力，態度を育てることを目的としている。

2 教育課程

　これらの目的を達成するため，各教育課程において，体育科，保健体育科に次のような年間授業時数が規定されている。

- 小学校 1 年生：102時間，2 ～ 4 年生：105時間，5 ～ 6 年生：90時間
- 中学校 1 ～ 3 年生：105時間
- 高等学校　体育：7 ～ 8 単位　保健：2 単位（1 単位＝35時間）

　また，それぞれの教育課程において指導計画を作成する場合には，

次のような点に留意することが示されている。

(1) 小学校

①地域や学校の実態を考慮するとともに，個々の児童の運動経験や技能の程度などに応じた指導や児童自らが運動の課題の解決を目指す活動を行えるよう工夫すること。

②一部の領域の指導に偏ることのないよう授業時数を配当すること。

③第3学年及び第4学年の内容の「保健」に配当する授業時数は，2学年間で8単位時間程度，また，第5学年及び第6学年の内容の「保健」に配当する授業時数は，2学年間で16単位時間程度とすること。

④「保健」については，効果的な学習が行われるよう適切な時期に，ある程度まとまった時間を配当すること。

(2) 中学校

①保健分野の授業時数は，3学年間で48単位時間程度を配当すること。

②体育分野の授業時数は，各学年にわたって適切に配当すること。

③保健分野の授業時数は，3学年間を通して適切に配当し，各学年において効果的な学習が行われるよう適切な時期にある程度まとまった時間を配当すること。

(3) 高等学校

①「体育」は，各年次継続して履修できるようにし，各年次の単位数はなるべく均分して配当するものとする。

②「保健」は，原則として入学年次及びその次の年次の2か年にわたり履修させるものとする。

なお，各学校段階で扱う運動領域としては，「体つくり運動」「器械運動」「陸上運動・競技」「水泳」「ボール運動・球技」「武道」「表現運動・ダンス」が提示されている。

注　引用・参考文献　1 文部科学省（2008）『小学校学習指導要領』／2 文部科学省（2008）『中学校学習指導要領』／3 文部科学省（2009）『高等学校学習指導要領』

内容と教育心理学
― 運動学習 ―

体育
保健体育
2

松本格之祐

1 目的と内容

運動学習の主要な目標は，具体的な技能の獲得や向上であり，めあてとする運動課題を達成することである[注1, 2]。端的に「できる」ようになることであるといってよい。できるようになることの結果として，自分でもやればできるんだという自分自身に対する自信（自己有能感）を育むことができる。

運動課題を含んだ学習内容・領域の対象は，大きく「個人種目＝個人技能」と「集団種目＝グループとしての相互の動きの関連や動きの同調」の2つに分けることができる。領域で示せば，個人種目は体つくり運動，器械運動，陸上競技，水泳，武道，ダンス，集団種目はボール運動（球技）ということになる。ただし，例えば体つくり運動の長なわとびや器械運動の集団演技，陸上競技のリレー，水泳のリレーやシンクロ，武道の団体戦，ダンスの集団演技などは，個人種目のなかの集団での活動ということになる。

2 エビデンス

(1) 達成感を味わわせること

運動学習で重要なことは，連続した達成感を味わえるようにすることである。そのためには，個人・グループの技能レベルを踏まえた課題の設定が重要になる。簡単すぎる課題，あるいは到底達成できないと生徒に感じさせる課題では達成感を味わうことはむずかしい[注2]。

一度の達成のみならず，達成した課題の先に新たな課題をもつことができるようにし，生徒が単元を通した学習のなかで複数回の達成感を味わうことができるようにしたい。

運動部活動など，授業外での取り組みによって学習対象となる運動に秀でた技能を身につけている生徒については，本人の技能向上よりも共に学ぶ仲間（集団）の技能向上に深くかかわらせるよう配慮し，その取り組み自体を高く評価するように配慮したい。

(2) 基礎技能の獲得・向上を保障すること

個人種目においては，学習の対象となる運動課題の獲得・向上に向けて，類似した動きを内包する，やさしい運動を準備段階の活動内容として準備することが重要になる[注3]。

また，例えばボールゲーム指導においても，とりわけ苦手な生徒がゲームを楽しむためには基礎技能の向上は欠かせない指導内容として位置づける必要がある。

3 エビデンスに基づく学習支援と課題

多くの場合，保健体育科の教師はそれぞれが専門の運動種目をもっている。

そのことによって，運動が苦手な生徒への理解および指導が不十分になる場合があり，以下への配慮が必要となる。

(1) 生徒の実態に合わせた計画や内容，学習環境などの準備

生徒の運動課題の達成に向けて学習指導で配慮しなければいけないことは，事前の単元計画や正規のゲーム，既存の施設や用具に生徒を合わせるのではなく，生徒の実態に合わせた計画の修正，ゲームの簡略化，施設や用具の活用方法の工夫などである。

(2) 運動学習時間の確保と相互作用行動の充実

体育授業における生徒の形成的評価と，運動学習時間の割合および相互作用行動の頻度との有意な相関が確認されている[注4]。研究仲間の共通理解として，授業時間の50％以上が運動学習に従事する（運動している）時間として確保されていること，教師から個人や小グループに対して具体的な言葉やしぐさ・表情を伴って肯定的にかかわる頻度が100回以上であることを目安として示すことができる。

注 引用・参考文献 1 文部科学省（2008）『小学校／中学校学習指導要領』／2 M・チクセントミハイ，今村浩明訳（2001）『楽しみの社会学』新思索社，pp.85-92.／3 金子明友監（1996）『教師のための運動学』大修館書店，pp.90-93.／4 髙橋健夫編著（2003）『体育授業を観察評価する』明和出版，pp.1-6.

関連図書 杉山重利・高橋健夫・園山和夫編著（2009）『保健体育科教育法』大修館書店

体育
保健体育
3

内容と教育心理学
―認識学習・学び方学習―

松本格之祐

1 目的と内容

運動学習における認識学習は，運動や運動への取り組み方についての知識・理解である。ボールゲームではボールを持たない動きが重要であるといわれるが，攻撃場面や防御場面あるいは攻守の切りかえ場面で具体的にどのように動いたらよいかという知識を生徒が習得し，理解していなければ動きようがない。

一方，学び方学習は，運動課題の達成に向けて，仲間と相互に動きを見て伝え合うこと，場や用具の工夫ができることなどといった，おもに課題解決に向けての取り組み方である。その過程で，コミュニケーション能力や創意工夫する能力を高めることが期待できる。

2 エビデンス

クルムも指摘しているように[注1]，具体的な体育授業場面では運動課題の解決に向けて「運動技術の学習」と「社会的行動の学習（人間関係の学習）」を中心に学習活動が展開されていく。また，それらに密接にかかわっているのが「認識的・反省的学習（認識にかかわる学習）」である。

つまり，体育授業では「できる」ことをめざし，多くの場面で仲間と「かかわり」ながら学習が進められるとともに，取り組む対象となる運動や課題の解決方法について「わかる」ことが重要になるということである。取り組んでいる運動のポイントや，ポイントを身につける方法がわかっていなければ，暗中模索での取り組みになるであろうし，着実な技能向上も保障されないことになる。

そのようなことを踏まえて，2008年改訂の学習指導要領解説においても，「論理的思考力をはぐくむ」という表現で認識学習の重要性を強調し，学び方学習にも言及している[注2, 3]。

3 エビデンスに基づく学習支援と課題

授業場面における認識学習および学び方学習について，よく知られ

ている鉄棒運動・逆上がりの指導で考えてみたい。

　逆上がりは，後方に回転しながら鉄棒に上がる運動であり，後方への回転感覚の学習がその基礎になる。したがって，マット運動の後転や鉄棒運動の足ぬき回りなどが関連した運動になる。

　また，足を上げて後方に回転するためには，脚による蹴りと肩の回転も必要になる。この動きを容易にするのは，踏み切る場所の傾斜である。通常の逆上がりの指導の前に，関連した運動とその指導が重要になる。

　小学校中学年段階であれば，関連した運動一覧を学習カードで示し，逆上がりの学習の前に，なぜこれらの運動に取り組むのかを考えさせるとよい。

　「運動学習（p.164）」でも述べたように，運動課題の達成は体育授業において中心的な目標といえる。しかし，それが他の目標，他の目標に導かれた内容とその指導，および評価のあいまいさになっていたことも否めない。極端な場合，学習内容や学習指導が不明確なまま単元最終時の技能レベルのみで評価することもあったということである。

　認識学習および学び方学習が充実することによって，運動への理解や具体的な運動技能の向上が期待できる。また，認識学習および学び方学習は特定の単元だけに限定されることではなく，体育授業全般にとって重要な意味をもつ学習内容である。

　そういう意味では，認識学習および学び方学習は，学習の方法であるだけでなく，学ぶべき学習内容でなければならない。教育的な価値も高い認識学習や学び方学習だが，授業場面での指導と評価を伴わないかぎり，体育科が結果としての技能だけを問題にしているという偏見をぬぐい去ることはできないのではないだろうか。

注　引用・参考文献　1 髙橋健夫他編著（2002）『体育科教育学入門』大修館書店，pp.43-44.／2 文部科学省（2008）『小学校学習指導要領解説［体育編］』／3 文部科学省（2008）『中学校学習指導要領解説［保健体育編］』

体育／保健体育 4 内容と教育心理学
―社会的行動の学習・保健学習―

松本格之祐

1 目的と内容
(1)社会的行動の学習
　授業者の実感として，同じプログラム（目標，内容，方法）で複数の授業を実践しても，授業展開や学習成果が違ってしまうことが多々あった。その原因は，生徒の運動技能の差異にあるというよりも，むしろ授業に臨む生徒の意欲や仲間関係のよしあしといった情意面に影響されていたという印象をもっている。

　近年，体育科でもコミュニケーション能力の向上が重要な課題の1つになっているだけに，社会的行動の学習（生徒相互の人間関係）を授業の目標としてしっかりと位置づけ，指導していくことが重要である注1。

(2)保健学習
　児童生徒の現在および将来の健康にかかわる内容として，喫煙や飲酒，薬物にかかわる問題などがある。朝食，運動を取り込んだ生活，十分な休養などの生活習慣もそれに関連するといえよう。また，それらに関連して，心身の健康にかかわる食育の重要性も指摘されている注2。さらに性機能の成熟に伴う身体や心の変化の問題，環境問題を中心とした社会と健康の関連も重要な学習内容になってきている。

2 学習支援と課題
(1)社会的行動の学習
　体つくり運動での長なわとびや陸上競技や水泳などのリレー，あるいは体ほぐしの運動でのさまざまな運動などは，集団での達成課題を設定しやすい。他グループとの競争・競走だけでなくグループでの達成目標を設定して取り組ませ，集団での達成感を繰り返し味わわせる指導が大切になる注3。

　そして，集団での達成に向けた学習過程では，生徒相互の肯定的なかかわりについて，自分，仲間，教師が評価するようにしたい。具体

的には，授業のまとめの段階で，仲間の取り組みについて学習カードに記録させたり，グループ内で発表させたりする機会を設けるようにする。

社会的行動の学習に関する内容は，戦後の学習指導要領でも一貫して取り上げられてきているにもかかわらず，その指導と評価はあいまいなままであった。具体的な授業場面における指導と評価がなされないかぎり，技能向上の方法的位置づけからの脱却はむずかしいといえよう。

(2) 保健学習

例えば，健康を阻害する要因として運動不足があげられるが，運動に取り組む施設や時間的余裕，具体的な運動への取り組み方とその効果についての知識の獲得まで，単に個人の問題として片づけられないことがある。

ヘルスプロモーションは，個人が健康に向けて取り組むときに，どのように環境を整えるか，教育の機会を準備するかということであり，学校教育もその重要な一翼を担っている。

保健授業では，教科書を中心に心身の健康にかかわる問題が単に知識として学習されている状況がみられる。しかし，保健が単に知識を獲得するだけの学習ではなく，生徒自らが選択・決定し，結果として健康で豊かな生活の実現に向かう学習にしていくことが重要である。

そのためには，具体的な授業場面で生徒が身につまされるような，あるいは真剣に考えざるをえないような資料や教材の開発が重要である。また，聴く・書く活動だけでなく，考える，話し合う，調べる，発表するなどの多様な活動の工夫も大切である。

注 引用・参考文献 1 体育科教育編集部編（2004）「特集：体育で育つコミュニケーション・スキル」『体育科教育』第52巻第5号，大修館書店／2 内閣府（2005）『食育基本法』／3 木下光正（2007）『クラスの一体感が生まれる長なわとびの指導法』学事出版

関連図書 ミドゥラ,D.W., グローバー,D.R.著 高橋健夫監訳（2000）『チャレンジ運動による仲間づくり－楽しくできる「体ほぐしの運動」』大修館書店／森昭三・和唐正勝編著（2002）『新版 保健の授業づくり入門』大修館書店

5 評価と教育心理学

体育
保健体育

松本格之祐

1 評価の目的

中学校学習指導要領に示されている「……明るく豊かな生活を営む態度を育てる」[注1]から，授業レベルでの体育学習の目標を考えるとき，運動技術の学習，社会的行動の学習，認識・反省的学習，学び方学習に加えて情意的学習が項目としてあげられる[注2]。毎回の授業はこれらの項目に沿って，具体的な目標・内容・方法を伴って行うものである。

以上のサイクルを踏まえたうえで，評価は生徒の学力を保障する学習指導全般にかかわることであると確認しておきたい。

2 評価の方法

ここでは体育授業における学習の段階にそった，具体的な評価の方法について確認する[注3]。

(1)診断的評価・総括的評価

体育授業では学習者の知識・理解とともに運動技能のレベルが単元計画の作成や見直し，具体的な学習課題の設定に大きく影響する。診断的評価（事前的評価）はとりわけ重要といえる。

また，単元を通した学習指導によって得られた成果を確認することも，学習指導の改善に向けた重要な評価活動である。具体的な方法としては，学習者に診断的評価と同じ質問項目によるアンケート調査を単元終了後に総括的評価として実施し，単元を通して行われた学習指導によって，どの程度の学習成果が得られたかを判断する授業評価法も有効である[注4]。

(2)形成的評価

体育授業によって得られた学習成果の状況を把握し，授業計画を修正することはきわめて重要な評価活動である。そこで開発されたのが，成果，意欲・関心，協力，学び方の4次元9項目からなる体育授業の形成的授業評価法[注5]である。

重要なことは，授業者としての指導や内容についての省察とともに，授業全体だけでなくグループや個人について形成的授業評価で得られたデータを，次の授業に生かすことである。

(3)個人内評価

　相対評価から絶対評価へと評価の方法が変わった現在，一定の到達基準を学習者に示すことが求められている。

　技能でいえば，現実は多様なレベルの生徒たちが授業に参加しており，各々の生徒の意欲を引き出すためには，多様な具体的目標（スモールステップ）の設定が重要になる。さらに，到達基準の達成だけでなく，学習のなかで各自がどの程度伸びたかということも，同時に評価していかなくてはならない。

3　評価に基づく学習支援と課題

(1)個々の技能に応じためあての設定

　跳び箱運動の開脚跳びを例にすると，同様の運動経過をもつ馬跳びの指導から始め，1回の跳躍での距離を課題にして，開脚跳びとほぼ同じ運動経過の馬跳びに発展させる。また，跳び箱の設置方法（横・縦），高さの違い，かかえ込み跳びへの発展という多様な課題が設定できる。

(2)授業中の教師の評価活動

　教師の生徒への評価が，即時的・具体的・肯定的（承認的）であるほど生徒の学習意欲を高めることができ，それは技能のみならず他の目標に関しても同様である。多様な視点をもって，活動中の生徒に対する相互作用行動を充実させるよう心がけたい。

注　引用・参考文献　1　文部科学省（2008）『中学校学習指導要領』／2　髙橋健夫他編著（2002）『体育科教育学入門』大修館書店，pp.43-44.／3　髙橋健夫編著（2003）『体育授業を観察評価する』明和出版，pp.8-15.／4　高田俊也他（2000）「態度測定による体育授業評価法の作成」『スポーツ教育学研究』20(1), pp.31-40.／5　長谷川悦示他（1995）「小学校体育授業の形成的評価票及び診断基準作成の試み」『スポーツ教育学研究』14(2), pp.91-101.

関連図書　内海和雄（1995）『体育科の「新学力観」と評価』大修館書店

6 課題と展望

体育
保健体育

松本格之祐

1 課題

保健・体育科の課題とその対応等について，いくつかの項目を示して述べていくことにしたい。

(1)体力低下問題への対応

2008年に告示された学習指導要領から，小学校1〜4年生の体育科および中学校の保健体育科の年間の授業時数が，1998年当時の時数まで回復した[注1]。また，小学校1年生から高校3年生まで体つくり運動が必修となった。これらは，1970年代から指摘されてきた体力低下問題が，近年より顕著になってきていることを受けた対応である。授業時数を回復することによって運動学習時間を確保すること，および体力を高める運動を指導領域として含む体つくり運動を，すべての学年で実施し成果をあげることをねらっている。

かつて，1960年代から1970年代にかけても，同様に体力の向上を掲げた取り組みがなされた。このときは，競技力向上と運動不足の解消ということがねらいであったが，授業時間以外の場面で半ば強制的にトレーニングに取り組ませる指導が多くみられ，そのことに児童生徒が反発して体育嫌い・運動嫌いが増える結果になった。

体力の向上は，充実した指導と生徒の意欲的な取り組みの結果として保障されるべきことと押さえたい。したがって，体力の向上にとって重要なことは，すべての生徒に運動学習が保障されている体育授業の充実である。

運動に取り組む意欲や体力の向上に関連して，食事の摂取や運動への取り組みも含めた自らのライフサイクルを見直す保健学習の充実も，結果として健康・体力問題に寄与することになる。

(2)一人一人に目を向けた指導

インターネット上に「体育嫌い同盟[注2]」というサイトが存在し，体育の嫌いな種目の順位と嫌いな理由が書き込まれたものが載ってい

る。最も多くの書き込みを集めた種目は「すべて」である。ある特定の種目ではなく，体育授業のすべてが嫌いなのだと言う。「上手にできねーもんはできねーんだ!!」「体育があったせいでいじめられた……。体育さえなければ私は楽しく学校へ行けたのに！」「体育のすべてが嫌いです。文句言われたり，先生の冷ややかな目を浴びたり。どうせ私でつっかかるだけです」などというコメントつきである。

コメントから，書き込みの中心は中学生，高校生であることがうかがえる。また，嫌いな理由は運動技能に関することが多数を占める（できるようになったことがない，やってもできない，など）。ほかにも「仲間の冷ややかな目」という言葉に代表される仲間とのかかわり方，あるいは上記のように教師の対応などがある。

嫌いな種目の他の順位のコメントを読んでも，教師の指導でそのほとんどは対応，改善できる内容であると感じている。「すべて」という書き込みは，何か1つでも達成感や満足感を得ることができれば確実に減っていくのである。

運動学習の冒頭にも書いたように，体育授業で達成感を味わわせることを大切にしたい。教育活動は劣等感や優越感を育むことでは決してないことを念頭に置き，運動の苦手な生徒に焦点を当てたあたたかい指導を第一に考え，同時に技能の高い生徒にも学ぶべき内容を提示していくことである。

2　展望

「保健・体育科」の授業に焦点を当てて述べてきたことを総括的に述べると「豊かな保健体育授業の実現」である。単に結果としての技能や教科書に書かれた内容についての記憶量のみを評価することはやめ，生徒が保健体育のもつ多様な教育的価値（目標）を獲得していくことに向けて，創意工夫することである。

毎日の授業の充実に向けて取り組む教師の姿なくしては，教育の質の向上を望むことはできまい。

注　引用・参考文献　1 文部科学省（2008）『小学校／中学校学習指導要領』／2 体育嫌い同盟　http://members.jcom.home.ne.jp/winered/antiPE-doumei.htm

生活

1 目的と教育課程

木下光二

1 目的

　生活科の目的は教科のねらいすなわち，「具体的な活動や体験を通して，自分と身近な人々，社会及び自然とのかかわりに関心をもち，自分自身や自分の生活について考えさせるとともに，その過程において生活上必要な習慣や技能を身に付けさせ，自立への基礎を養う」と学習指導要領に記されているように，小学校低学年という発達に合わせて設定されたものである。具体的な活動や体験を取り入れ，子ども自らが身近な人や社会，自然とかかわりながら自立の基礎を養う教科である[注1]。

　低学年の発達特性として活動を通して思考すること，社会環境と自然環境を一体的に自分とのかかわりでとらえること，集団生活の中で自分のよさに気づき，よりよい生活者になろうとすることなどがあげられる。このような特性を生かし，生活上必要な習慣や技能を身につけさせ，学習や生活の基礎的な能力や態度を育て，自立への基礎を養うことが生活科の目的である[注2]。

　生活科は，小学校1年生と2年生の理科と社会科を廃止し，戦後初めて新設された教科である。1989年に新設された当時は，子どもの個性や体験の重視に力が注がれた時期である。学力偏重主義に陥らないよう，活動や体験からの学びを重視した生活科の誕生は，学校教育の改革を担い，大きなインパクトをもって小学校の教育課程に位置づけられた[注3]。

　最初の改訂は1998年に行われた。発足当時の個性や体験の重視を継続しながら知的な気づきが深まるよう，各学校における創意工夫を生かした教育活動や重点的・弾力的な指導に重点がおかれた。

　次の2008年の改訂では，これまでの課題として活動主義に陥りがちであること，思考と表現の一体化が見えにくいことなどがあげられ，気づきの質を高めること，安全教育を充実させること，科学的な見方

や考え方などを育成すること，幼稚園との接続などが改訂の方針として打ち出された。

なお，参考までに記しておくと，生活科の教育理念は，大正新教育運動にさかのぼって見ることができる。1つが信濃教育会による長野師範学校附属小学校の実践であり，もう1つが木下竹次による合科学習，奈良女子高等師範学校附属小学校の実践である[注4]。いずれも子どもの活動や体験を重視した実践であり，多様で多大な教育効果が見られることが報告されている[注5]。

2 教育課程

教育課程は，学習指導要領の趣旨を踏まえながら，社会の要請と地域や子どもの実態に即して編成されなければならない。つまり，各学校がつくる教育課程が，子どもの学ぶ姿や発達に応じて創意工夫され生かされることが重要である。すなわち学校や教師主体の教育課程ではなく，子ども主体の教育課程である。生活科の具体的な活動や体験を実現し，子どもの思いや願いをかなえるためには，柔軟で弾力的な計画や，計画を常に修正し改善することが大切になる。子どもの側に立った教育課程であることが生活科に求められているのである。

実際に教育課程を編成するにあたっては，体験や活動を十分に保証できる時間や空間の確保，子どもや地域の実態に即した指導計画の作成，生活科の特質を踏まえた学習指導の工夫，他教科や総合的な学習の時間との関連や接続に配慮した単元計画や年間指導計画の工夫がなされなければならない[注6]。生活科の教育課程は，教師の子ども理解や力量に大きく委ねられているといえるだろう。

注 引用・参考文献 1 文部科学省（2008）『小学校学習指導要領』／2 文部科学省（2008）『小学校学習指導要領解説［生活編］』／3 田村学（2009）「生活科における魅力ある教育計画の立案」『初等教育資料』6，東洋館出版社，p.15.／4 中野重人（1996）『生活科のロマン』東洋館出版社／5 加納誠司・野田敦敬（2005）「生活科生誕にその理念を貫く活動・体験主義の教育効果についての研究」『愛知教育大学教育実践総合センター紀要』8，pp.91-98.／6 田村学（2008）「生活科における新しい教育課程の創造」『初等教育資料』11，東洋館出版社，pp.54-65.

関連図書 嶋野道弘編著（2002）『小学校生活科・総合的な学習　基礎・基本と学習指導の実際　－計画・実践・評価のポイント－』東洋館出版社

生活 2 内容と教育心理学
―自然とのかかわり方に関する学習―

木下光二

1 目的と内容

　自然とのかかわりをいっそう深め，自然の美しさや不思議さ，面白さやすばらしさに気づき，体全体で感じ取ることができるようにすることが生活科の目的である。自然に関する内容としては，「内容(5) 身近な自然を観察したり，季節や地域の行事にかかわる活動を行ったりなどして，四季の変化や季節によって生活の様子が変わることに気付き，自分たちの生活を工夫したり楽しくしたりできるようにする」とされている注1。

2 エビデンス

　自然体験が豊富な子どもほど，道徳観・正義感が身についているという報告がある注2。自然体験の意義についても，ルソーの教育論，第16期中教審中間報告注3，生物的自然を学ぶ意義注4にふれ，生活科での子どもと自然のふれあい方について考察した研究がある。それによると，自然を使った遊びや季節の変化を取り込む実践は多いが，現実として身近な自然はあってもなかなか教育に生かしきれない現状があることが報告されている注5。

　生活科では科学的な見方や考え方の育成が提言されている。このことに関して，生活科のオープンエンド的な活動は一定水準の科学的知識を効率よく学習するという観点からはマイナス要素と考えられるが，自然を多様な視点から吟味し，直接体験に基づく事実から理論を積み上げていく姿勢は本来科学が理想とする立場に近いと結論づけ，生活科の意義と役割を指摘した研究がある注6。

　小学校低学年における生活科の自然体験は，人間の原体験とも言えよう。この原体験の積み重ねが感性や自然認識を高め，幼児期から小学校低学年における豊かな原体験が判断力，表現力，思考力，想像力を豊かにするという指摘もなされている注7。

　自然とのかかわりで，多くの学校現場で実践されるのが飼育・栽培

活動である。ザリガニを採ったり観察したりする過程で，ザリガニに関する子どもの表現は，物理的知識から論理数学的知識へと変わっていく。また，物理的知識から論理数学的知識へと表現する道筋のなかに，子どもの論理操作としての自然理解が読み取れると報告している[注8]。

3　エビデンスに基づく支援と課題

生活科は，知的な気づきから社会認識や自然認識へとたどる道筋を重視する教科である[注9]。人間の認識には事物・事象を見たり触れたりすることで得られる感性的認識と，事物・事象から本質を類推し抽象して得られる理性的認識の2つがあり，相互作用によって真の認識にいたるとされている[注10]。すわなち生活科においては，感性的認識を知的な気づきとして表現し，理性的認識に高めることが求められている[注11]。また，自然体験によってどのような力がつくのかという問いに対して，明確に応えている研究論文や報告はきわめて少ないとする指摘もなされている[注12]。

今後，生活科における気づきや自然認識とは何なのかを，さらに追求していく必要があるといえよう。

注　引用・参考文献　1 文部科学省（2008）『小学校学習指導要領解説［生活編］』／2 青少年教育活動研究会（1999）『文部省委嘱調査　子どもの体験活動等に関するアンケート調査報告書』p.5.／3 文部科学省（1999）『第16期中央教育審議会中間報告 幼児期からの心の教育について』／4 中原正木（1968）『生物学教育論』国土社／5 野田敦敬（2001）「初等教育における自然体験の重要性」『愛知教育大学教育実践総合センター紀要』4，pp.79-85.／6 牧野治敏（1998）「生物教育の視点から見た生活科」『大分大学教育学部研究紀要』20，p.89.／7 小林辰至（2000）「体験の教育的意義及び体験活動の類型化」宮崎大学教育文化学部『体験的学習をどのように実践するか』，pp.54-56.／8 小川哲男（2004）「生活科における子どもの論理操作としての自然理解の萌芽の構造に関する研究」『學苑』765，pp.40-50.／9 中野重人（1991）「生活科の学習指導と評価」『初等教育資料』11，東洋館出版社，p.57.／10 内田伸子（1997）『感性と理性をつなぐものとしてのことば』至文堂／11 小川哲男（2005）「生活科における子どもの自然理解に関わる『知的な気付き』の共有化を図るコミュニケーション」『學苑』773，pp.43-52.／12 塩原孝茂・土井進（2003）「生活科における自然体験が児童の成長に及ぼす影響」『信州大学教育学部附属教育実践総合センター紀要』4，pp.85-94.

関連図書　ルソー，長尾十三二訳（1967）『エミール』明治図書

生活 3　内容と教育心理学
― 人とのかかわり方に関する学習 ―

木下光二

1　目的と内容

　人とのかかわりは，2008年の学習指導要領改訂において新設された内容である[注1]。具体的には，小学校学習指導要領解説生活編に「内容(8)　自分たちの生活や地域の出来事を身近な人々と伝え合う活動を行い，身近な人々とかかわることの楽しさが分かり，進んで交流することができるようにする」と記されており，身近な人のとらえを，幼児や高齢者，障害のある児童生徒などの多様な人々としている[注2]。このような新しい内容項目が設定された背景として，今日の社会において人と人との関係性の希薄化が課題となっていることがあげられる。

2　エビデンス

(1) 幼児とのかかわり

　人とのかかわりにおいて，幼児と1年生のかかわりのエピソード記録をもとにカンファレンスを行い，子どもが関係性を通してさまざまな知識や技能，態度，思考の方法，表現の方法などを学ぶことを明らかにした研究がある[注3]。人とかかわる力を「人間を理解し関係を調整する力」とし，これらの力が遊びや生活，学習を支える基盤となる21項目を導き出している。

　21項目を4つのカテゴリーに分類すると次のようになる。①異質なものとの出合い，②異質なものへの興味や関心，③他者との交流，④関係性をつくる，である。人とかかわることの細分化や意味づけがなされ，子どもを見る新しい視点がある。学習指導要領や幼稚園教育要領にも幼・小連携の活動が明確に位置づけられたこともあり，近年では幼・小連携の研究が少しずつ増えてきている。

(2) 友達とのかかわり

　友達とのかかわりを「個と集団」のかかわりでとらえ，1年生の家族とかかわりを扱う単元に関して，分析を行った質的な研究がある。ここで論じられている個と集団とは対立的なものではなく，集団のな

かで個が生かされるというものである。定義された個と集団の7つの視点は，①発達・成長，②組織，③施設・制度，④学習形態，⑤教材，⑥支援・指導，⑦子どもに育成したい力，であり，生活科の学習を構想したり子どものかかわりを見取ったりするためには，これらの視点が有用であったと報告されている注4。

また，ゲストティーチャーに名人を招いて紙すきの体験をしたり，実際に自分たちで牛乳パックから葉書を作るまでの試行錯誤や学級の友達とのかかわりの過程を，日記や作文，授業記録などから探った質的な研究がある。子どもの思いや願いが高まる過程でどのような学びを得たのか，自己理解や他者理解がどのように促進されたかなどが報告されている注5。

3　エビデンスに基づく支援と課題

人とのかかわりでは，子どもの関心・意欲・態度をいかにとらえるかが鍵になる。小学校低学年の理科と社会が廃止され，生活科が生まれた背景には，幼児教育との接続が意識されていたことは周知のとおりである。

従来，幼児教育の専門性は環境との応答のなかで子どもの学びや育ちを見取ることである。今後，生活科の研究をさらに進めるためには，幼児教育との連携や接続を深めたり，幼児教育の知見を取り入れたりすることが大切になるだろう。その意味でも今日，幼・小連携の研究が盛んになってきていることは，生活科にとって幸いなことである。

人とのかかわりにおいて，方法論やカリキュラム論の実践や研究は蓄積されてきているが，かかわりの内実をいかにとらえ，どのような尺度で，いかに測定するかについてはまだあまり行われていない現状がある。

注　引用・参考文献　1 文部科学省（2008）『小学校学習指導要領』／2 文部科学省（2008）『小学校学習指導要領解説［生活編］』／3 佐々木宏子他（2004）『なめらかな幼小の連携教育』チャイルド本社／4 久野弘幸・東嶋さやか（2007）「『個と集団』に即した生活科授業の分析と考察」『愛知教育大学教育実践総合センター紀要』10, pp.131-138.／5 仲田育成・中野真志（2007）「附属岡崎小学校の1年生のくすのき学習の実践」『愛知教育大学教育実践総合センター紀要』10, pp.121-129.

生活 4 内容と教育心理学
―学校探検・地域探検に関する学習―

木下光二

1 目的と内容

　子どもの身近な生活圏を活動スペースとする学校探検や地域探検の重要性はこれまでも述べられてきた。2008年改訂の学習指導要領においても，身近な人々，社会および自然と直接かかわる活動や体験を重視すること，直接かかわるなかでの気づきの質を高めることが，同様に述べられている[注1]。学習指導要領に示されたおもな内容は下記のとおりである[注2]。

(1)学校探検に関する内容

　「内容(1)　学校の施設の様子及び先生など学校生活を支えている人々や友達のことが分かり，楽しく安心して遊びや生活ができるようにするとともに，通学路の様子やその安全を守っている人々などに関心をもち，安全な登下校ができるようにする」。

(2)地域探検に関する内容

　「内容(3)　自分たちの生活は地域で生活したり働いたりしている人々や様々な場所とかかわっていることが分かり，それらに親しみや愛着をもち，人々と適切に接することや安全に生活することができるようにする」。

2 エビデンス

(1)学校探検

　幼児と1年生の交流活動として行われた学校探検のビデオ映像や担任教師へのインタビューから，教師の役割について質的に分析した研究がある[注3]。

　ナラティヴアプローチとしての現実を物語る意味を重視し，授業場面の現実を質的に分析することで，子ども同士の関係を築く教師の役割として3つのパターン（子どもの響き合う関係を創る役割，子どもの響き合う関係を保つ役割，子どもの響き合う関係を伝える役割）があることを導き出している[注4]。

(2) 地域探検

　公園探検の参与観察を行い，子どもの気づきや発見についてまとめた研究によると，①気づきはさまざまなプロセスを経て子どもの学びの基礎になり，直接的に見たり触れたり試したりする体験をすることで科学的な思考の芽生えを培う。②子ども同士のかかわり合いは子ども同士の教育力であり，さまざまな学びを生んでいる。③子どもは友達と同じ経験をすることでイメージを共有し，活動を活発にしたり学びを広げたりしていることなどが報告されている注5。

　また近年ではさまざまな情報機器のシステム活用がなされている。地域探検でのデジタルカメラの活用は子どもの好奇心を喚起し，町の自然や景観に目を向けさせる方法として有効であるとされている注6。

　一方，携帯電話の写真機能を活用した一連の研究では，意欲的に地域探検に取り組み知的な気づきの質が高まったこと注7，家族の一員としての認識が深まったことなどが報告されている注8。

3　エビデンスに基づく支援と課題

　生活科では，思考と表現の一体化や，指導と評価の一体化などが教科の特質としてあげられる。そのためにも，学校探検や地域探検において，子どもが実際に対象と出会ったりかかわったりするなかで生まれる気づきや認識の深まりを見取る教師の役割が重要となる。今後，参与観察やビデオ映像の分析から得られるデータの分析や解釈による評価，子ども理解などの質的な研究に期待したい。

注　引用・参考文献　1 文部科学省（2008）『小学校学習指導要領』／2 文部科学省（2008）『小学校学習指導要領解説［生活編］』／3 須浪聖香（2008）「幼小の連携における教師の役割についての1考察」鳴門教育大学修士論文／4 磯部裕子・山内紀幸（2007）『ナラティヴとしての保育学』萌文書林／5 橋詰幸美（2002）「幼小の連携に関する1考察」鳴門教育大学修士論文／6 福岡美和・曲田清維（1999）「子どものためのまちづくり学習の研究」『日本建築学会大会学術講演概要』，pp.763-764。／7 黒田秀子・竹中真希子・出口明子・稲垣成哲（2008）「知的な気付きの質を高める生活科の授業デザイン」日本生活科・総合的学習教育学会『せいかつか＆そうごう』15／8 黒田秀子・竹中真希子・稲垣成哲（2009）「学校と家庭との連携を支援するための授業デザイン」日本生活科・総合的学習教育学会『せいかつか＆そうごう』16

生活 5 評価と教育心理学

木下光二

1 評価の目的

　生活科の評価では，①具体的な活動や体験の広がりや深まりを評価すること，②一人一人に即した評価や学習活動の過程における活動を評価すること，③長期間にわたって評価すること，などが重視される注1。

　このような生活科の教科の特質を考えると，体験の結果として何を理解したかよりも，活動を行っているプロセスでどのようなことに気づいたか，どのような多様な関係性が生まれたかが大切にされなければならない。

　生活科の学習評価は，1991年の児童指導要録の改訂により，他教科と同様に相対評価から絶対評価を基本とする観点別学習評価を行うことになった。生活科の評価の観点は，「生活への関心・意欲・態度」「活動や体験についての思考・表現」「身近な環境や自分についての気付き」の3観点であり，その具体は次に示すとおりである。

(1)評価の観点およびその趣旨

　生活科の関心・意欲・態度では，「身近な環境や自分自身に関心をもち，進んでそれらとかかわり，楽しく学習や生活をしようとする」。

　活動や体験についての思考・表現では，「具体的な活動や体験について，自分なりに考えたり，工夫したりして，それをすなおに表現する」。

　身近な環境や自分についての気づきでは，「具体的な活動や体験をしながら，自分と身近な人，社会，自然とのかかわり及び自分自身のよさなどに気付いている」。

(2)学年別の評価の観点の趣旨

　生活への関心・意欲・態度では，「身近な人，社会，自然及び自分自身に関心をもち，進んでそれらとかかわり，楽しく学習したり，意欲的に遊びや手伝いなどをしたりしようとする」。

活動や体験についての思考・表現では,「調べたり,育てたり,作ったりするなどの活動や学校や家庭における自分の生活について,自分なりに考えたり,工夫したりしてそれをすなおに表現する」。

身近な環境や自分についての気づきでは,「具体的な活動や体験をしながら,学校や家庭及び地域と生活,公共物の利用,身近な自然や動植物,自分の成長などの様子に気付いている」。

2 エビデンス

生活科の評価は,これまでポートフォリオ評価の有用性が述べられている[注2]。また,指導要録や通知票においては,評価を「関心・意欲・態度」「思考・表現」「知的な気付き」の3観点で行っている。しかし,評価基準や評価規準があるものの,判断基準は教師個人に任されており,教師間で差があることから客観的なものになりにくい面があった。

そこで教師の評価力量を形成することを目的とし,ルーブリックを取り入れた評価研究が行われている。その結果として,評価観の信頼性や妥当性を高めることができたことが報告されている[注3]。

3 課題

一方,生活科の活動や体験をどのようにして測定・評価できるかという教育心理学での取り組みは,いまだ盛んであるとはいいがたい現状があるという報告もある[注4]。

これらを鑑みても,今後,生活科の評価においても質的な研究が待たれるところである。

注 引用・参考文献 1 文部科学省(2008)『小学校学習指導要領』／2 西岡加名恵(2003)『教科と総合に活かすポートフォリオ評価法』図書文化／3 香田健治・佐藤真(2007)「グループ・モデレーション法による評価研修の実践的な意義『生活科におけるルーブリック設定を通して』」日本生活科・総合的学習教育学会『せいかつか&そうごう』14, pp.86-93.／4 倉持清美他(2008)「体験活動・体験学習のプログラム作りと効果測定をめぐって(準備委員会企画シンポジウム5)」『日本教育心理学会総会発表論文集』pp.S18-S19.

関連図書 桜井茂男編(2004)『たのしく学べる最新教育心理学 －教職にかかわるすべての人に－』図書文化

生活 6 課題と展望

木下光二

1 課題

　発達心理学の視点から，生活科の課題として「活動や体験の質について検討する」「自我のはたらきに注目する」「学習の自己選択を重視する」の3点が指摘されている注1。特に子どもの具体的な活動や体験を重視するという教科の特質から，教師からの指示に基づく活動とか，単なる模倣による活動ではなく，目標を自ら選び，それに達する手段を自ら探索する自発的な活動でなければならず，この活動は創造的表現として結実することが不可欠であることが述べられている。

　このことは，教科特性の理解（体験を通して学ぶことへの理解や幼児教育との連続性等）をさらに浸透させることや，理論研究面としての生活科の学びを「主観的な知」から「客観的な知」へと変容させていくこととほぼ同義である注2。

　つまり，活動や体験の質を明らかにすることは生活科発足当時からの課題であり，生活科としての教科特性を明らかにする心理学的研究がまだ十分になされていないことがあげられる。

　これまでと違う教科理論の立場に立って生まれた生活科の理解を進めるためにも，教育心理学に求められているものは大きく，今後の研究成果に期待したい。

　近年，教育心理学およびその周辺では，観察法の新しい方向性として，「偶発的に生じる種々の出来事から，その息吹を感じ取り，また様々な主観的印象や情動経験を得た上で，観察対象やそのふるまいを量的に細切れにすることなく，その全体の意味を掬いとろうとする」と述べられている注3。観察者自らが観察対象である子どものなかに入り込み，日常的文脈のなかで，参与観察やアクションリサーチ等の方法で，学びや育ちの姿を読み取ることに注目が集まるようにもなってきている。これらのアプローチによる質的な研究は，今後生活科の研究を進めるうえで重視されることになってこよう。

2　展望

　生活科発足当時のマスコミによる「学力あって学びなし」の批判や，ゆとり教育における学力低下論争の中で生活科批判も行われた。

　それに対して，生活科はバランスのとれた学力形成や全人的な学力観を育成するのに適切な教科であるという考えや注4，「学力の剥落現象」から生活科の意義を考えても「学ぶ」意味を感じさせ，学ぼうとする力と学ぶ力の啓培をめざす生活科教育の方向性は間違っていないとする指摘もある注5。

　学力観のとらえは多様であるが，学力のキーコンピテンシーについては，OECD主導の「コンピテンシーの定義と選択：その理論的概念的基礎」プロジェクトが参考になる。OECDは，キーコンピテンシーのカテゴリーとして，相互作用的に道具を用いる，異質な集団で交流する，自律的に活動する，などをあげている。その内容としては，他人といい関係をつくる，協力する・チームで働く，争いを処理し解決する，などがあげられており注6，まさにこの概念は，生活科のめざすところと合致するものである。

　価値観の多様性や，情報化社会としてめまぐるしく移りゆく今日的社会にあって，子どもに寄り添い，子どもの主体的な自立を促すことをねらいとする生活科の存在は，今後ますます重要となることが予想される。

　生活科の理念や，理解を広く求めるとともに，アカウンタビリティに努めるためにも，教育心理学に寄せられる期待には大きなものがある。子どもの気づきや認識に迫るミクロな視点と，学力観の再認識というグローバルな視点での研究が待たれているといえるだろう。

注　引用・参考文献　1 滝沢武久（1989）「生活科の問題点と課題」『教育心理学年報』28，pp.44-45.／2 木村吉彦（2008）「体験がもたらす知」『上越教育大学研究紀要』27，pp.25-32.／3 鯨岡峻（2005）『エピソード記述入門』東京大学出版会／4 伊藤裕康（2007）「生活科教育の今日的役割」『香川大学教育実践総合研究』15，pp.71-76.／5 奈須正裕（2006）「豊かな学力の防衛」日本生活科・総合的学習教育学会『せいかつか＆そうごう』13，pp.16-23.／6 ドミニク・S・ライチェン，ローラ・H・サルガニク，今西孝蔵，岩崎久美子，猿田祐嗣，名取一好，野村和，平沢安政訳（2006）『キー・コンピテンシー国際標準の学力をめざして』明石書店

外国語 1 目的と教育課程

兼重　昇

1　目的

日本の外国語（英語）教育の歴史をさかのぼってみよう。

長らく戦後の日本の公立学校では，英語教育は中学校から開始するものとされてきた。一方で，いわゆる平泉，渡部による「英語教育大論争」注1を通して，英語教育の是非・目的論についても議論をされてきた。

こうした状況のもと，学校や地域独自に英語教育の開始時期や内容にバラツキがあったが，2008年に告示された小学校学習指導要領により，それが整えられた。小学校第5，6学年に「外国語活動」が導入され，2011年度より全国の小学校で一律に外国語を学習することとなった。特に英語という言語の使用状況に鑑み，「原則として英語を扱うものとする」とされた。

2　教育課程

教育課程上，小学校と中・高等学校では違いがある。小学校では「外国語活動」として「領域」の枠組み，中・高等学校では「外国語科」とし，「教科」である。時間数も，小学校では5，6年で週1時間（年間35時間），中学校では週4時間である。

高等学校については，コミュニケーション英語基礎(2)，コミュニケーション英語Ⅰ(3)，コミュニケーション英語Ⅱ(4)，コミュニケーション英語Ⅲ(4)，英語表現Ⅰ(2)，英語表現Ⅱ(4)，英語会話(2)から構成されている（※カッコ内は単位数）。

外国語科と外国語活動は若干の違いがみられるものの，菅正隆による「今後の日本の英語教育のイメージ」注2をみると，小学校から高等学校までの流れがもつ，英語教育の

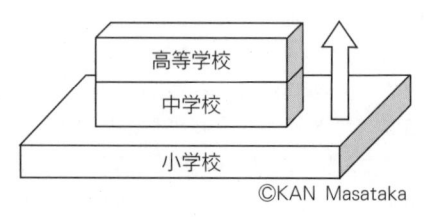

図　今後の日本の英語教育のイメージ注2

中での一貫性がみてとれる（図を参照）。

学習指導要領[注3・4]にみられる各校種での目標は，以下のとおりである。

小学校は，「外国語を通じて，言語や文化について体験的に理解を深め，積極的にコミュニケーションを図ろうとする態度の育成を図り，外国語の音声や基本的な表現に慣れ親しませながら，コミュニケーション能力の素地を養う」。

中学校は，「外国語を通じて，言語や文化に対する理解を深め，積極的にコミュニケーションを図ろうとする態度の育成を図り，聞くこと，話すこと，読むこと，書くことなどのコミュニケーション能力の基礎を養う」。

高等学校は，「外国語を通じて，言語や文化に対する理解を深め，積極的にコミュニケーションを図ろうとする態度の育成を図り，情報や考えなどを的確に理解したり適切に伝えたりするコミュニケーション能力を養う」。

図で示した一貫性を表す概念が「コミュニケーション」であり，コミュニケーションを図ろうとする積極的な態度を共通概念として，その能力の「素地」（小学校）「基礎」（中学校）「能力」（高等学校）を養うことが求められていることがわかる。

これらに加えて，小学校では，「言語や文化についての体験的理解」「外国語の音声等への慣れ親しみ」を通した「コミュニケーション能力の素地を養う」ことがねらわれている。

中学校では，小学校で養われた「素地」の上に，4技能を統合的，総合的に活用することが，また高等学校ではより高度な能力を育成することがねらわれている。

注　引用・参考文献　1　平泉渉・渡部昇一（1995）『英語教育大論争』文藝春秋／2　兼重昇・直山木綿子（2008）『小学校新学習指導要領の展開　外国語活動編』明治図書／3　文部科学省（2008）『小学校／中学校学習指導要領』／4　文部科学省（2009）『高等学校学習指導要領』

外国語 2 内容と教育心理学
―聞くこと・話すことの指導―

吉田佐治子

1 目的と内容

「聞くこと・話すこと」の目的は，中学校の場合「初歩的な英語を聞いて話し手の意向などを理解できるようにする」「初歩的な英語を用いて自分の考えなどを話すことができるようにする」ことである。

このための内容としては，「聞くこと」では，①基本的な英語の音声の特徴をとらえ，正しく聞くこと，②自然な口調の英語を聞いて，情報を正確に聞き取ること，③質問や依頼などを聞いて適切に応じること，④話し手に聞き返すなど内容を確認しながら理解すること，⑤まとまりのある英語を聞いて，概要や要点を適切に聞き取ることが，あげられている。

また，「話すこと」では，①基本的な英語の音声の特徴をとらえ，正しく発音すること，②自分の考えや気持ち，事実などを聞き手に正しく伝えること，③問答したり意見を述べ合ったりすること，④いろいろな工夫をして話を続けること，⑤与えられたテーマについて簡単なスピーチをすることが，あげられている[注1]。

2 エビデンス

(1) 聞くこと

英語を聞く力の育成には，音声つき映像に字幕をつけるのが効果的であるといわれている。吉野他 (1997) は，英語音声つき映像に英語字幕／日本語字幕をつけたもの，字幕なし，さらに映像・字幕なし（音声のみ）の材料を視聴後に，聞き取れた内容を英語及び日本語で記述させる実験を行った。結果は，字幕の付加が英語の再生に有効であること，日本語字幕よりも英語字幕のほうが，英単語再生，英語の意味的なまとまりとしての認知の双方で効果的であることを示した[注2]。

田浦 (2002) は，音声（英語／日本語）と字幕（英語／日本語）の言語の組み合わせの効果を比較的長期にわたって検討し，組み合わせの如何を問わず（ただし「日本語音声＋日本語字幕」は実施せず），

英語を聞き取る力が向上することを見いだした。また，先に「英語音声＋英語字幕」を提示し，後から「英語音声＋日本語字幕」を見せたほうが，逆の順番よりも聞く力がつくことを示唆している[注3]。

また，吉野（2003）は，字幕をいつ提示するのが効果的かを検討し，日本語字幕の場合は提示のタイミングによる差がなかったが，英語字幕の場合は，音声より平均無音声時間分先行したときに，記憶や内容把握が促進されることを見いだした[注4]。

(2)話すこと

話すことの効果的な指導法に関する研究は，多いとはいえない。そうしたなかで，関谷（2009）は，優れた「聞き手」を育成することが，「話し手」の話す力の育成に有効であることを見いだしている。絵を英語で描写するというペアワークにおいて，聞き手にカウンセリング技法や質問スキルを教授することで，話し手の流暢や正確さが向上し，また，話し手の不安が低くなることが示された[注5]。

3　エビデンスに基づく学習支援と課題

第二言語習得についての研究は蓄積されてきているが，それを日本の教室でどのように具現化していくのかは，今後の課題である。

「聞くこと」「話すこと」については，物理的な制約や授業の形態，特に「話すこと」についてはその機会の少なさなど，検証や実践には困難が予想される。しかしながら，効果的な学習支援のための基礎的な知見の蓄積が期待される。

注　引用・参考文献　　1 文部科学省（2008）『中学校学習指導要領』／2 吉野志保・野嶋栄一郎・赤堀侃司（1997）「英語の聞き取り場面における字幕付加の効果」『日本教育工学雑誌21（Suppl.）』pp.29-32.／3 田浦秀幸（2002）「L 1/L 2提示モダリティーのリスニング力に及ぼす影響―1学期間にわたるDVD映画利用を通しての考察―」『メディア教育研究』No.8, pp.103-113.／4 吉野志保（2003）「英語学習に効果的な字幕提示タイミングの検討」『日本教育工学雑誌』27(3), pp.237-246.／5 関谷弘毅（2009）「話し手の英語スピーキング力を伸ばす聞き手の育成―質問スキル，カウンセリング技法に着目して―」『日本教育心理学会第51回総会発表論文集』p.369.

関連図書　　小池生夫編集主幹，寺内正典・木下耕児・成田真澄編（2004）『第二言語習得研究の現在―これからの外国語教育への視点』大修館書店／田崎清忠責任編集（1995）『現代英語教授法総覧』大修館書店

外国語 3 内容と教育心理学
―読むこと・書くことの指導―

吉田佐治子

1 目的と内容

英語の「読むこと・書くこと」の目的は，中学校の場合「英語を読むことに慣れ親しみ，初歩的な英語を読んで書き手の意向などを理解できるようにする」「英語で書くことに慣れ親しみ，初歩的な英語を用いて自分の考えなどを書くことができるようにする」ことである。

この目的を達成するための内容としては，「読むこと」では，①文字や符号を識別し，正しく読むこと，②書かれた内容を考えながら黙読したり，その内容が表現されるように音読すること，③物語や説明文の概要，要点などを正確に読み取ること，④伝言や手紙などから書き手の意向を理解し，適切に応じること，⑤話の内容や書き手の意見などに感想や意見を言えるよう，書かれた内容などをとらえること，「書くこと」では，①文字や符号を識別し，語と語の区切りなどに注意して正しく書くこと，②語と語のつながりなどに注意して正しく文を書くこと，③メモをとったり，感想や意見などを書いたりなどすること，④身近な場面のことについて自分の考えや気持ちなどを書くこと，⑤自分の考えや気持ちなどが読み手に正しく伝わるように文章を書くこと，があげられている注1。

2 エビデンス

(1) 読むこと

第一言語における読み手のメタ認知能力と読解力との関係は，第二言語においてもあてはまるようである。特に，読解ストラテジーについては，うまく使用できる読み手は読解力が高いことが示されている注2, 3。

日本人英語学習者の読解ストラテジーの調査によれば，英文読解には，「トップダウン／全体的ストラテジー」も「ボトムアップ／局所的ストラテジー」も同程度に効果的なストラテジーだと考えられているにもかかわらず，実際に使用されているストラテジーは「ボトムアッ

プ／局所的ストラテジー」に偏っている。また困難を感じるのも「ボトムアップ／局所的ストラテジー」のほうが多い**注4**。

(2) 書くこと

書く過程は，構想・執筆・推敲からなるが，第一言語において，一般に熟達した「書き手」ほど構想に時間をかけるといわれている。そしてこれは，第二言語にも通じることである**注5**。千田（2002）は，短い物語を聞いた後，その内容を書くという実験で，教師がどのような話し方をするかによって，書き出した内容に違いが出るかを検討した。その結果，物語を聞かせる際にMERRIER ApproachのExample（例示）とRedundancy（発想を変えた言い換え）を多用した場合，質的な差はないが，総語数が伸びた**注6**。つまり，豊富な情報の英文にふれることで，「書くこと」の量的な向上がみられるということになろう。

3　エビデンスに基づく学習支援と課題

前項でも述べたが，第二言語習得に関する研究成果をいかに英語指導へ生かすかが今後の課題である。しかしながら，第二言語についての「読むこと」「書くこと」については，まだわかっていないことも多く，今後の研究が待たれるところである。また，「書くこと」に関しては，日本語の作文能力との関係が考えられ，「書く以前」の指導も必要であろう。

注　引用・参考文献　1 文部科学省（2008）『中学校学習指導要領』／2 Barnett, M. A. (1988) Reading through context: How real and perceived strategy use affects 2 omprehension, *Modern Language Journal* 72, pp.150-162.／3 Carrell, P.L. (1989) Metacognitive awareness and second language reading, *Modern Language Journal* 73, pp.121-134.／4 JACET関西支部リーディング研究会（1997）「読解ストラテジーに関する調査」『JACET全国大会要綱』36，pp.155-158.／5 Sasaki, M. (2000) Toward an empirical model of EFL writing process: An exploratory Study *Journal of Second Language Writing* 9(3)，pp.259-291.／6 千田誠二（2002）「The Effect of Input Based on the MERRIER Approach for Learners' Production-Focusing upon the Effect of Example and Redundancy-」『育英短期大学研究紀要　第19号』pp.1-8.

関連図書　小池生夫編集主幹，寺内正典・木下耕児・成田真澄編（2004）『第二言語習得研究の現在―これからの外国語教育への視点』大修館書店／田崎清忠責任編集（1995）『現代英語教授法総覧』大修館書店

外国語 4 内容と教育心理学
― 言語材料の指導 ―

吉田佐治子

1 目的と内容

　言語材料は,「コミュニケーション能力を養う」という英語の目標が達成されるようなものでなくてはならない。言語材料は,言語活動,すなわち「聞くこと」「話すこと」「読むこと」「書くこと」の基礎・基本ではあるが,あくまで活発で多様な言語活動が行えるよう,そのことによりコミュニケーション能力が養えるように用いられる必要がある。

　言語材料は,①音声,②文字および符号,③語,連語および慣用表現,④文法事項,の4つから構成されている[注1]。

2 エビデンス

(1) 音声

　山田（2004）は,英語音声の学習に関する実験から,第二言語の音声学習には音声刺激が重要であること,高い意味的文脈は音韻知覚を阻害すること,音韻の混同が意味の混同をもたらすこと,音声の知覚と生成には関連があること,オーラルコミュニケーションの際の意味理解において,聞き取り能力がボトルネックになる可能性があることなどを示した[注2]。

　また,スワレス・田中（2001）は,英語の発音学習について,学習態度と実践に乖離があること,英語を日本語的に発音するのは,発音教育の不十分さのほかに,恥ずかしさなどの心理的な要因があること,英語にカタカナで読み仮名を振ったり,正しい発音に対する心理的抵抗があったりする者は,発音テストの結果が低いことを示した[注3]。

(2) 語彙

　読解において語彙は重要な役割を果たし,語彙知識の幅や深さは読解能力と密接な関係がある[注4]。丹羽（1996）は,Charade（いわゆるジェスチャーゲーム）を取り入れることにより,英語の語句や表現の記憶がよくなること,それは比較的長期間にわたることを示した[注5]。

また黒沢（1999）は，英語の多義語の非優勢な訳語を学習する際，語源情報を与え派生関係を推論すると，イメージの生成や頻度について判断するよりも，学習が促進されることを見いだした[注6]。

(3)文法

松沼（2007）は，現在完了形を用い，学習内容を教師の側からあらかじめ体制化して教授することと，課題を行う際に図を描くという学習方略を教授することが効果的であること，それが比較的長期間にわたること，学習意欲も高めることを見いだした。特に図を作成する学習者は，その方略が有効であると認知しており，成績もよかった[注7]。

図の作成が文法の理解を促すことは，鈴木・粟津（2009）でも指摘されている。鈴木・粟津は，等位接続詞を図に転換する方法を教授され，それを用いた学習者は，そうでない学習者よりも文の理解がよいことを示した[注8]。

3 エビデンスに基づく学習支援と課題

言語材料の指導に関する研究は，特定の事項に限ったものではあるものの進められつつある。今後は，対象をより広げ，さらに一般的な学習支援の方法が案出されることが期待される。

注 引用・参考文献　1 文部科学省（2008）『中学校学習指導要領』／2 山田玲子（2004）「第二言語の音声学習―知覚と生成および処理階層間の相互作用―」『電子情報通信学会技術研究報告』104（503），pp.41-46．／3 スワレス・アーマンド，田中ゆき子（2001）「日本人学習者の英語発音に対する学習態度について」『新潟青陵大学紀要』第1号，pp.99-111．／4 Quian,D.（1999）*Assessing the roles of depth and breadth of vocabulary knoeledge in reading comprehension*　SSLA,56，pp.282-307．／5 丹羽義信（1996）「Charade の効果―Dialog のための１つの実験」『JACET 全国大会要綱』35，pp.107-110．／6 黒沢学（1999）「訳語間の派生関係について推論を求める教示が外国語語彙の獲得に及ぼす影響」『教育心理学研究』第47巻，第３号，pp.364-373．／7 松沼光泰（2007）「学習内容の体制化と図作成方略が現在完了形の学習に及ぼす効果」『教育心理学研究』55(3)，pp.414-425．／8 鈴木明夫・粟津俊二（2009）「等位接続詞を含む英文の図的転換の教示効果」『日本教育心理学会第51回総会発表論文集』p.380．

関連図書　小池生夫編集主幹，寺内正典・木下耕児・成田真澄編（2004）『第二言語習得研究の現在―これからの外国語教育への視点』大修館書店／田崎清忠責任編集（1995）『現代英語教授法総覧』大修館書店

外国語 5 内容と教育心理学
―実践的コミュニケーション―

吉田佐治子

1 目的と内容

外国語科の目標は,「外国語を通じて,言語や文化に対する理解を深め,積極的にコミュニケーションを図ろうとする態度の育成を図り,聞くこと,話すこと,読むこと,書くことなどのコミュニケーション能力の基礎を養う」ことである。この目標を達成するために,①外国語を通じて,言語や文化に対する理解を深める,②外国語を通じて,積極的にコミュニケーションを図ろうとする態度の育成を図る,③聞くこと,話すこと,読むこと,書くことなどのコミュニケーション能力の基礎を養う。

③については,「聞く・話す（p.188）」「読む・書く（p.190）」で述べたことであるが,単に外国語の文法規則や語彙などについての知識を身につけるだけではなく,実際のコミュニケーションを目的として外国語を運用できる能力の基礎を養うことをめざしている[注1]。

2 エビデンス

コミュニケーションそのものを扱った研究は多くない。コミュニケーションにはさまざまな要因がかかわっているためであろう。これまで述べてきた,いわゆる英語の4技能,言語材料の習得も,コミュニケーションの土台である。

オーラルコミュニケーションに限ったとき,コミュニケーション能力は聞き取り能力と密接な関係がある[注2]。この関係に着目した指導法に,3ラウンドシステム[注3]がある。このシステムでは,教材は3回に分けて学習されるが,各回の学習目標を変え,学習の「深さ」を深めながら繰り返し学習する。そのため,だんだんやさしく感じられるようになる。また,分散学習の効果も期待できる。

中山・西垣（2001）はこのシステムによる指導を6か月にわたり実践し,以下のことを報告している。①内容理解,音声の聞き取りに高い効果がある,②定着率が高い,③応用力を養成する,④特に初級者

に効果的である，学習者にとってわかりやすく楽しい学習であり，その効果を実感できている，⑤授業実践者にとっては，指導しやすい方法である注4。

2001年度に行われた「小中学校教育課程実施状況調査」の「中学校英語」の結果を分析した赤沢（2008）は，「コミュニケーション能力」と深いかかわりのある「表現の能力」に大きな課題があること，「コミュニケーションへの関心・意欲・態度」が低いことを指摘している（2003年度の同調査も同様の傾向）。また，「聞くこと」「話すこと」だけではなく「読むこと」「話すこと」も現実のコミュニケーションでは重要であり，4技能が統合される課題をもった活動，「目的」と「相手」のある活動の必要性を述べている注5。

3　エビデンスに基づく学習支援と課題

上でも述べたように，コミュニケーション能力に関しては，今後の研究が待たれるところである。オーラルコミュニケーションについても，聞き取りだけではなく，話すことの支援についても検討される必要がある。人が人とコミュニケーションをとるのは，伝えたいこと／伝えてもらいたいことがあるときであることを考え合わせれば，そのような状況を取り入れた指導が考えられよう。

また，学習者の興味や関心，感情などとも無関係ではない。こうしたことの検討は，これからの課題である。

注　引用・参考文献　1 文部科学省（2008）『中学校学習指導要領』／2 山田玲子（2004）「第二言語の音声学習―知覚と生成および処理階層間の相互作用―」『電子情報通信学会技術研究報告』104（503），pp.41-46.／3 竹蓋幸生（1997）『英語教育の科学―コミュニケーション能力の養成を目指して』アルク／4 中山博・西垣知佳子（2001）「附属中学校における英語コミュニケーション能力の養成―3ラウンド制の指導理論に基づく実践とその分析―」『千葉大学教育学部研究紀要　第49巻　Ⅱ：人文・社会科学篇』pp.73-82.／5 赤沢真世（2008）「英語科の学力と実践的コミュニケーション能力―表現の能力に注目して―」田中耕治編著『新しい学力テストを読み解く―PISA/TIMSS/全国学力・学習状況調査／教育課程実施状況調査の分析とその課題』日本標準

関連図書　小池生夫編集主幹，寺内正典・木下耕児・成田真澄編（2004）『第二言語習得研究の現在―これからの外国語教育への視点』大修館書店／田崎清忠責任編集（1995）『現代英語教授法総覧』大修館書店

外国語 6 評価と教育心理学

西谷健次

1 評価の目的

　外国語は，2008年に改訂された学習指導要領により，小学校での必修化も含め大幅に授業時数が増加されている。コミュニケーション態度の育成に重点を置くという現行の学習指導要領の理念はそのまま引き継がれる[注1]。評価の観点からみると，コミュニケーション態度をいかに評価するかが最も大きな問題となる。

　コミュニケーションとは，人と人との意味のやりとりを通して新しい知識が生み出されていく過程である。その際に中心的な役割を担うのが言語であることは疑いえないが，非言語的情報も大きな役割を担うと主張する研究者も少なくない。つまり，コミュニケーション態度については言語の4技能（聞くこと，話すこと，読むこと，書くこと）を中心としつつも，言語以外の技能も含めて考える必要がある。

　このようなコミュニケーション観に基づく教育方法の1つが，発信型英語教育である。発信型英語教育とは，情報メディアを活用して英語によるプレゼンテーションやディスカッションを行うという教育方法である。インターネットを介することでテキスト，画像，動画などの多様な情報の双方向通信が可能になり，特にテレビ電話システムを利用した海外とのオンライン通信の場合には，そこに生きたコミュニケーション環境がつくり出されることとなる。

　例えば，栃木県下野市立南河内第二中学校は，第7回ワールドユースミーティング（2005）において，台湾壽山國中學校と三重県宮川中学校との共同発表（「自然災害について」）を行っている[注2]。その結果，1年間を通した活動のなかで，生徒の英語学習に対する意識，特に聞くこと・話すことに関して自分の力を高めようとする意識が向上したことを報告している。

2 評価の内容，方法

　では，発信型英語教育のように，コミュニケーション能力の育成を

めざした教育の評価はいかにあるべきなのか。客観的な評価という意味では，発表の回数やうなずき，あるいは特定のストラテジーの有無などを評価基準とすることも可能であるが，それらがコミュニケーション能力を「正しく」反映しているとは考えにくい。こうした背景を踏まえて山中注3は，「説得・主張のための発信型コミュニケーション評価モデル」の開発を試みている。このモデルは，4技能にこだわらない形で言語以外の要素を積極的に取り入れたものとなっており，特にプレゼンテーション能力，ディスカッション能力を含めた広義のコミュニケーション能力を評価の対象としている。評価の視点は，次のとおりである。

①プレゼンテーションの内容と表現。多メディア・多感覚メディアによる独自の複合・融合表現を行ってプレゼンテーションしているかを評価する。わかりやすく深みのあるプレゼンテーションとするために，非言語的表現を多用しても構わないし，逸脱的な表現も積極的に許容される。

②内容を了解させる能力。表現の正確さや流暢さではなく，相手とのコミュニケーションがしっかり成立しているか，あるいはメッセージのやりとりができているかを評価する。

③相互行為における能力。質疑応答やディスカッションがしっかりできているかを評価する。

この評価モデルは高等教育を前提としたものであることから，初等中等教育への適用は現実的には困難であるかもしれない。しかし，コミュニケーション態度の育成と評価について考えたとき，「文法的な正しさ」ではなく，あくまでも「伝えあうこと」を追求するという点では，今後の外国語教育の向かうべき1つの方向として無視できないものであることは間違いない。

注 引用・参考文献　1 文部科学省（2008）『小学校／中学校学習指導要領』／2 下野市立南河内第二中学校（2005）「メディアで改善される発信型英語教育」『パナソニック教育財団第31回実践研究助成』pp.93-95.／3 山中司（2008）「コミュニケーションを重視した大学英語教育における新たな評価モデルの構築」『Speech Communication Education』21, pp.113-134., 日本コミュニケーション学会

外国語 7 課題と展望

西谷健次

1 課題

英語教育が抱える第一の課題は、生徒の英語嫌いをいかに克服させるかにあるといっても過言ではない。中学2年生を対象とした「第1回中学校英語に関する基本調査」注1によれば、「あなたはどの教科が好きですか」（複数回答）に対して、「英語が好き」との回答は25.5％と生徒全体の約4分の1にすぎず、他の教科と比較しても、「国語」の25.0％に次いで低い値であった。

また、「あなたがもっとも英語学習のやる気が高かった時期はいつですか」では、「中学校に入学する前」が14.1％、「中1の初め頃」が43.6％、その後は5％前後で推移した。この結果は、生徒の英語学習への意欲が、中学校入学後に急速に低下することを示している。

同調査によれば、英語でつまずきやすいポイントは、「文法が難しい」（78.6％）、「テストで思うような点数がとれない」（72.7％）、「英語を書くのが難しい」（72.0％）、「単語を覚えるのが難しい」（65.8％）、「英語を聞きとるのが難しい」（62.9％）が回答の上位である。

英語学習のむずかしさは、1つには外国語自体がもつ日本語とは異なる構造性が背景にある。表意文字と表音文字、SOV型構文とSVO型構文、前置詞と後置詞、音韻体系など、日本語と英語の相違は枚挙にいとまがない。こうした相違は、当然、学習に際しての認知的な処理に多大の負荷をもたらし、それが生徒の英語嫌いを生み出しているといえる。これらの問題への適切な対処方策を求めて、これまでにも多くの心理学的、教育学的、言語学的な研究がなされてきており、また、今後ともその必要性が薄れることもない。

しかし英語嫌いの問題は、もっと別の側面からとらえる必要がある。海外での生活を余儀なくされたとき、人はその国の言葉をちゃんと使いこなせるようになっていく。このとき、体系的な外国語学習は前提とはしていない。鈴木注2は、日本は国内で生活するかぎり母語だけ

で幼稚園から大学まで進学できる世界的にみても稀有な国であり，日常生活において外国語を使う必然性がないのに英語を学習することが，子どもの英語嫌いを増やしていると指摘している。

それにもかかわらず，英語教育においては，いわゆる「正しい」英語が求められる。ここには，入試科目としての学習という英語教育の現実が大きく横たわっている。

高校1年生を対象とした調査では，英語学習の目的としては，「将来の仕事や生活に必要」（58.2％），「大学受験のため」（44.3％）などの実用志向の動機が上位を占め，「楽しい・好きだから」（17.7％），「外国語・外国文化に興味がある」（12・7％）などの充実思考の動機は下位に位置づけられている注3。

実用志向の動機が上位を占める英語学習において，外国語・外国文化の理解やコミュニケーション態度の育成という学習指導要領の目標の達成は，現実から乖離しかねないむずかしさを秘めている。

2　展望

「学習は状況に埋め込まれている」と述べたのは，レイヴとウェンガーである注4。この言葉のなかに，英語嫌いの問題を解決するヒントが隠されている。学ぶ必然性のないことを学ばなければならないほど苦痛なことはない。重要なのは，生徒が英語を使う必然性をいかに生み出すかにある。

前節（p.196）で発信型英語教育の例として紹介した南河内第二中学校が，台湾の次に授業連携した国は，多言語が共存しながらも英語を公用語の1つとする南アフリカである。生徒は，英語を用いることで，世界中の人々とつながり合うことができるという実感をもったはずである。教育実践活動として，あるいは教科心理学的研究として，学ぶ必然性のある学びとは何かを追求していくことが求められている。

注　引用・参考文献　1 Benesse教育研究開発センター（2009）『第1回中学校英語に関する基本調査［生徒調査］』／2 鈴木孝夫（2000）『英語はいらない!?』PHP研究所／3 内藤和美・橘良治（2008）「高校1年生における英語の学習意欲の低下と英語嫌い」『岐阜大学教育学部教師教育研究』4, pp.325～332.／4 J.レイヴ・E.ウェンガー（1993）『状況に埋め込まれた学習』産業図書

索　引

事　項

あ

ICT　→　情報通信技術　を参照
IEA　→　国際教育到達度評価学会　を参照
アクション・リサーチ　8・25・26・121
アメリカ心理学会［APA］　13
意思決定型　66
一次的ことば　30
一般意味論　41
衣服の選択　142
衣服の洗濯　143
衣服の着用　142
異文化学習　68
インダクティブ・アプローチ　39
インタビュー　22
WISC-Ⅲ　124
運動課題　166
運動技能学習　159
運動経験　163
英語嫌い　198
SD法　41・118
ADHD　124
APA　→　アメリカ心理学会　を参照
ATI　→　適性処遇交互作用　を参照
エネルギー変換　150
LD　124

OECD　→　経済協力開発機構　を参照
「大型の(マクロ)」理論・モデル　159
オープン・クエスチョン　23
オープンエンド的な活動　176
オーラルコミュニケーション　192・194
おちこぼれ　51
音韻構造の分析行為　42
音楽的自律性　123
音楽の技能的側面　111
音楽の形式的側面　111
音楽の存在理由　122
音楽の内容的側面　111
音楽の文化的側面　111

か

外延量　78
絵画化　43
外国語活動　186
概念群の階層的理解　102
概念地図完成課題　101
概念地図反復作成　103
概念地図法　93・98
概念的葛藤　93
概念的理解　85・87
科学的思考力　94
化学反応の理解　105
学習基本語彙　41
学習研究の段階　9・26
学習指導と評価　147

学習性無力感	124		機能表現・適応表現	128
学習法略	57・70・193		客観式テスト	47
学力観	90		既有知識	151
学力検査	160		教育課程	75
学力偏重主義	174		教育基本語彙	41
加工	148		教科間選択学習	62
課題選択学習	62		教科書教材	9
活用力	74		教科センター方式	91
家庭基礎	137		教材の心理学	10
家庭総合	137		共通事項	110
家庭の機能	138		空間認知	148
家庭や地域社会との連携	147		グラウンデッド・セオリー法	23
活動主義	174		クローズド・クエスチョン	23
体つくり運動	168		経験と感動	117
感化的内包(affective connotation)	41		経済協力開発機構［OECD］	86・185
環境汚染	105		経済認識	58
環境に配慮した消費生活	144		KJ法	23
関係性	178		形成的授業評価法	170
観察法	16		計測	154
漢字の物理的複雑性	43		系統学習	53
関心・意欲・態度	183		ゲストティーチャー	179
感性	122		言語感覚	28
感性的認識	177		言語心理学	48
観点別学習評価	156		現物資料	64
カンファレンス	178		語彙選定	40
関連学習	62		語彙知識	192
キーコンピテンシー	185		高機能自閉症	124
聞き手	189		功罪表	67
聞き取り能力	192・194		構想	33
既製服の購入	143		構造化	107
基礎的学力	51		合法則的合理性	66
基礎的目標	51		公民的(市民的)資質	52
気づき	95		合目的的合理性	66

効率	150	視写	45
合理的判断	66	事象見本法	16
「小型の(ミクロ)」理論・モデル	159	システムズ・アプローチ	12
国語力	28	システム認知	67
国際学習到達度調査 → PISA を参照		事前的評価	170
国際教育到達度評価学会［IEA］	80	視聴覚資料	64
国際数学・理科教育動向調査［TIMSS］	80	実行	84
		実証	33
子どもの論理	159	実践的・体験的な学習	147
個別介入研究	89	実践的・体験的な活動	136
ごまかし勉強	71	質的研究	15・27
コミュニケーション能力	187・195	質的評価	33
コミュニケーション力	61	質的変容	96
		質的方法	27
		質問紙調査	20
		視点取得	59

さ

栽培	152	自動化	154
材料	148	指導と評価の一体化	181
作問	85	指導の基準	50
算数的活動	74	信濃教育会	175
酸性雨	104	字幕	188
参与観察	181	社会形成力	52
3ラウンドシステム	194	社会参画型の学力	91
シークエンス	115	社会認識	72
視覚メディア	54	従属変数	18
時間見本法	16	授業過程研究	89
字形	45	熟知度	34・43
思考・表現	183	主体的な消費者	145
思考と表現の一体化	174・181	手段	32
思考の発達段階	94	準実験	18
思考力	28	小集団	109
自己評価	156	象徴事例	56
自己有能感	164	情緒的な側面	109

情報	154
情報通信技術［ICT］	65
ICTの活用	93
書字指導	42
書写	42・44
心象表現	128
診断的評価	170
心的表象	84
推敲	33
数学教育学研究	88
数学的活動	74
数学的リテラシー	86
数量的方法	27
スキーマ	76
好きな教科	158
スモールステップ	171
生活デザイン	136
制御	154
政治認識	58
精緻化	103・107
生物育成	152
絶対評価(目標基準準拠評価)	156・182
説明責任(accountability)	156・160
説明文	36
先行知識	108
全国学力・学習状況調査	87
選択学習	62
総括的評価	170
総合的な学習の時間	62・122
相互評価	156
創造的音楽学習	116・122
想像力	28
相対評価	156・182
測定	70
素朴概念	72・96・150
素朴理論	58・72・92
ソルフェージュ力	113
損失	150

た

体育嫌い・運動嫌い	172
体験	149
大正新教育運動	175
対話形式の鑑賞	131
他者評価	156
達成感	164・173
段取り	148
知識基盤社会	91
知識習熟型の学力	91
知識の一般化	100
知識の獲得過程	106
知的な気づき	177・183
知的能力の質	108
中央教育審議会	68・90
調査法	20
長所活用型指導	124
地理学習	54
地理的技能	54
通達的内包(informative connotation)	41
伝え合う力	30
定型的問題解決	87
提示順序の効果	99
適性処遇交互作用［ATI］	10・21・63・124
デザイン実験	15・26・159

テストへの適応	70
手続き的スキル	87
手続き的知識	87
典型性効果	100
伝達による楽曲の解説方式	122
統計資料	64
統合	84
統合的に理解	95
等質性	18
統制	18
読字指導	42
読書感想文	32
読書心理学	48
読譜力	113
独立変数	18
土壌	104
読解ストラテジー	190

な

内包量	78
仲間と共有できる学びの場	145
なぞり書き	45
ナラティヴアプローチ	180
二次的ことば	30
認知構造	97
認知構造の転換	106
認知構造変容	101
認知スタイル	108
認知地図	54
認知的葛藤	83・98
認知発達研究	89

は

はいまわる創造的音楽学習	116
博物館リテラシー	60
発信型英語教育	196
発信型コミュニケーション評価モデル	197
発達心理学	48
発展的学力	51
発展的目標	51
パフォーマンス評価	156
反省文	32
非言語的言語	134
PISA調査	86
PISA型「読解力」	35
美術による教育	126
美術の教育	126
筆記具の持ち方	44
筆順	44
非定型的な文章題	85
非定型的問題解決	87
批判的思考力	59
被服構成	143
評価	46・70
描画法	93
表現の能力	195
ヒルガードのモデル	9
比例的推理	83
フィードバック	115
フィールドワーク	25
2つのベーシックス	135
プラン	84
プログラム	154
文章心理学	48
文章題生成	85

文書資料	64	幼児ふれあい体験	139
ヘルスプロモーション	169	予習	57
変換	84	読み聞かせ	35
弁別訓練	42	ライフスタイル	144
方略	34	理性的認識	177
ポートフォリオ	133	リンクラベル	99
ポートフォリオ評価	47・156・183	臨書	45
		倫理	19
		ルーブリック	183

ま

間に合わせ理論	77	ルーブリック評価	47
耳コピー力	112	歴史学習	57
見やすさ(legibility)	42	歴史教科書	56
矛盾	95	練習方略	114
メタ認知	39	連想課題	99
メタ認知的気づき	83	論述式テスト	47
メタ認知能力	190	１／０サンプリング法	16
MERRIER Approach	191		

人　名

面接	22
メンタルモデル	96・150
目的	32
目標の具体化	50
文字意識(print awarness)	42
模書	45
モデリング	114
物語スキーマ	36
物語文	36
ものづくり	146・148
問題解決学習	53・54
問題解決的な学習	147

アイスナー(Eisner,E.W.)	126
ジャッド(Judd,C.H.)	12・26
ソーンダイク(Thorndike,E.L.)	12・14・26
チゼック(Cizek,F.)	126
デューイ(Dewey,J.)	12・26
ピアジェ(Piaget,J.)	76
ヒルガード(Hilgard,E,R)	11・26
ブルーナー(Bruner,J.)	13
ブロネル(Brownel,W.E)	13
山本鼎	126
ランパート(Lampart,M.)	13
リーンハート(Leinhard,D.)	13
ワインバーグ(Wineberg,S.S.)	13

や・ら・わ

有意味度	43
ゆとり教育	160

■執筆者一覧（※所属は，2010年1月時点）

〉編集者

福沢周亮［聖徳大学］
小野瀬雅人［鳴門教育大学］

〉編集協力者（50音順）

木下光二［鳴門教育大学］
仲瀬律久［聖徳大学］
藤村宣之［東京大学］
松本格之祐［桐蔭横浜大学］
皆川　順［東京未来大学］
宮本友弘［聖徳大学］
藪中征代［聖徳大学］
吉田佐治子［聖徳大学］

〉執筆者（執筆順）

福沢周亮
小野瀬雅人
福田由紀［法政大学］
平山祐一郎［東京家政大学］
宮本友弘
青山征彦［駿河台大学］
芳賀明子［聖徳大学］
新井啓子［昭島市立東小学校］
池田進一［文教大学］
平澤真名子［富山市立新庄中学校］
吉田佐治子
石田恒好［文教大学］
西村公孝［鳴門教育大学］

森　康彦［堺市立三国丘小学校］
近藤智嗣［放送大学］
多喜川広伸［阿南市立長生小学校］
橋本陽子［多摩市立西落合小学校］
秋田美代［鳴門教育大学］
藤村宣之
北尾倫彦［大阪教育大学名誉教授］
松木健一［福井大学］
土橋永一［聖徳大学］
皆川　順
西園芳信［鳴門教育大学］
小川容子［鳥取大学］
井戸和秀［岡山大学］
藪中征代
東原文子［筑波大学］
仲瀬律久
関口明子［聖徳大学］
鳥井葉子［安田女子大学］
黒川衣代［鳴門教育大学］
西川和孝［鳴門教育大学］
福井典代［鳴門教育大学］
尾崎士郎［鳴門教育大学］
有川　誠［福岡教育大学］
賀川昌明［鳴門教育大学］
松本格之祐
木下光二
兼重　昇［鳴門教育大学］
西谷健次［作新学院大学］

■編著者紹介

福沢 周亮（ふくざわ・しゅうすけ）

聖徳大学児童学部教授，同大学院児童学研究科長。筑波大学名誉教授。教育学博士。1933年生まれ。東京教育大学教育学部心理学科卒業。同大学院博士課程，埼玉大学助教授，東京教育大学助教授，筑波大学教授，放送大学客員教授を経て，現職。教育心理学，言語心理学専攻。主著は『幼児の言語』（1970，日本文化科学社），『漢字の読字学習－その教育心理学的研究』（1976，学燈社），『改訂版 言葉と教育』（1995，放送大学教育振興会）『幼児の知育相談室―知的発達を援助する84問・84答』（1999，教育出版）他。

小野瀬 雅人（おのせ・まさと）

鳴門教育大学大学院学校教育研究科教授。教育学博士。学校心理士（日本教育心理学会認定）。1957年，茨城県勝田市（現・ひたちなか市）に生まれる。新潟大学教育学部技術科卒業。筑波大学大学院博士課程心理学研究科，同大学心理学系助手，講師，鳴門教育大学助教授を経て，現職。教育心理学，学校心理学専攻。主著は，『入門期の書字学習に関する教育心理学的研究』（1995，風間書房），『授業に生かす育てるカウンセリング』（編集，1998，図書文化），『学校心理学ハンドブック』（責任編集，2004，教育出版）。

教科心理学ハンドブック
―教科教育学と教育心理学による わかる授業の実証的探究

2010年3月20日　初版第1刷発行［検印省略］

編集　©福沢周亮
　　　©小野瀬雅人
発行人　村主典英
発行所　株式会社 図書文化社
　　　〒112-0012　東京都文京区大塚3-2-1
　　　Tel 03-3943-2511　Fax 03-3943-2519
　　　振替　東京00160-7-67697
　　　http://www.toshobunka.co.jp/

組版・印刷　株式会社 高千穂印刷所
製本　合資会社 村上製本所
装幀　中濱健治

乱丁・落丁本の場合はお取り替えいたします。
定価はカバーに表示してあります。
ISBN 978-4-8100-0559-2　C3037

教職や保育・福祉関係の資格取得をめざす人のためのやさしいテキスト
たのしく学べる最新教育心理学
桜井茂男編　Ａ５判／256ページ●定価2,100円

目次●教育心理学とは／発達を促す／やる気を高める／学習のメカニズム／授業の心理学／教育評価を指導に生かす／知的能力を考える／パーソナリティを理解する／社会性を育む／学級の心理学／不適応と心理臨床／障害児の心理と特別支援教育

学習意欲を高め，学力向上を図る12のストラテジー
科学的根拠で示す学習意欲を高める12の方法
辰野千壽 著　Ａ５判／168ページ●定価2,100円

「興味」「知的好奇心」「目的・目標」「達成動機」「不安動機」「成功感」「学習結果」「賞罰」「競争」「自己動機づけ」「学級の雰囲気」「授業と評価」の12の視点から，学習意欲を高める原理と方法をわかりやすく解説する。

「教職の意義等に関する科目」のためのテキスト
改訂新版 教職入門—教師への道—
吉田辰雄・大森正編著　Ａ５判／216ページ●定価1,890円

主要目次●教職課程で学ぶこと／子どもの生活と学校／教師の仕事／教師に求められる資質・能力／教員の養成と採用／教員の地位と身分／学校の管理・運営／付録：教育に関する主要法令【改定教育基本法・学校教育法・新指導要領】

教育評価事典
辰野千壽・石田恒好・北尾倫彦監修　Ａ５判／上製函入り／624ページ●定価6,300円

主要目次●教育評価の意義・歴史／教育評価の理論／資料収集のための技法／知能・創造性の評価／パーソナリティ，行動，道徳の評価／適性，興味，関心，態度の評価／学習の評価，学力の評価／各教科・領域の評価／特別支援教育の評価／カリキュラム評価と学校評価／教育制度と評価，諸外国の評価／教育統計とテスト理論

わかる授業の科学的探究
授業研究法入門
河野義章 編著　Ａ５判／248ページ●定価2,520円

「変化のある授業」「楽しい授業」「わかる授業」とは？　最新の心理学的研究の知見をもとに，授業を多角的に分析・研究し，「よい授業」とは何かを問い直す。

●目次　授業研究の要因／授業を記録する／授業研究のメソドロジー／授業ストラテジーの研究／学級編成の研究／発話の研究／協同の学習過程の研究／発問の研究／授業タクティクスの研究／空間行動の研究／視線の研究／姿勢とジェスチャーの研究／板書の研究／学習者の課題従事の研究／ノートテイキングの研究／学習スキル教育の研究／ものづくり過程の研究／評価テストの作成／授業研究のためのデータ解析／校内研究の進め方

〒112-0012　東京都文京区大塚3-2-1　図書文化　TEL03-3943-2511　FAX03-3943-2519
http://www.toshobunka.co.jp/